問答無用

櫻井よしこ

新潮社

はじめに

今回、拙著の題名を「問答無用」とした。なぜこのように激しい表現にしたのか。

そもそも論を闘わせるのが民主主義であり、どんな意見であっても議論することが大事だと私は考えている。異論に挑み挑まれる過程で、互いの思考や理解が深められ、物事の本質に近づくことができるからである。

私たちの住む世界は、その時代時代でさまざまな価値観が基盤となってきた。後述するように現在、国際社会は大きな変革のまっ只中にある。有体にいえば、それは価値観の戦いである。その中で、わが国は国際社会に日本の価値観の旗を打ち立てていくのがよい、それが日本にとって最善の生き残りの道だと、私は確信している。またそのときに打ち立てる旗は、断然、五箇条の御誓文であろう。

明治維新を成就した新政府が、政府樹立とほとんど同時に発布した五箇条の御誓文の第一条は、「広く会議を興し、万機公論に決すべし」である。まさに民主主義の根本を謳っている。旧《ふる》い、未開の国だと思われていた当時の日本が近代国家として第一歩を踏み出そうとするとき、英知をしぼり立派な国造りに貢献しようと国民全員に呼びかけたのである。五箇条の御誓文こそわが国の国是であり、世界に誇るべき価値観である。これからの国際社会の目指すべき価値観たり得るものだと、私は強く信じている。

問題解決のためには広く皆の意見に耳を傾けようとしたその精神は、言論、表現の自由を尊んでいる。一人一人が意見を表明することで他者を啓発し、自身も啓発されることでエネルギーが生まれ、物事も社会も国もより良い方向に向かうと信じている。にも拘《かか》わらずいま、私は「問答無用」という、自らの信念に逆行する激しい表現を題名に選んだ。

理由は、およそすべての人の予想を上回る速さと規模で大変化する国際情勢にある。この大波を力強く乗り越えることなしには日本の未来はないという、冷厳な現実に気づかなければならないからである。

国際社会では「新たな冷戦」という言葉さえ飛び交い始めた。かつての米ソ超大国の間で争われた「冷戦」と、現在の米国と中国の対立は、その構図も国際社会の状況も異なるため、「新冷戦」と呼ぶのは正確ではない。だが確かなことは、米国は共和党、民主党を問わず、超党派で中国に対して国家の命運をかけたといってよい厳しい対策を打ち出していることだ。

米国の選良たちは中国が長年米国を騙してきた事実に気づき、その手法が米国の価値観とは相容れないものであることに憤っている。米国、そして日本の立場から見れば、私たちの側は国際法や国際規約を守り、自国に不利であっても国際社会の約束事を優先し、自国の在り方に修正を加えてゆく。対照的に中国は、国際社会のルールを徹底的に無視し、力でもって、自国に都合のよいように変えようとしている。

経済力も軍事力も、その他全ての力を駆使して中国は中華大帝国主義の下、世界に中国式手法を広げ、中国の覇権を打ち立てようとする。その中で弱い者、弱い勢力、弱い民族、弱い国が犠牲になる。米国はそれら中国の行いひとつひとつに厳しい注文をつけ始めた。

米中間で価値観の戦いが始まっているのは明らかだ。この戦いは簡単にはおさまらないだろう。

なぜなら、争点となっているのは米中双方の国柄の根幹に関わる問題だからだ。旗を降ろすことは互いに不可能である。

中国共産党が、米国の要求を受け容れて人権弾圧をやめ、言論の自由や思想信条の自由を認めた途端に、彼らの独裁体制は揺らぐだろう。米国や日本が要求する知的財産や先端技術の窃盗をやめた途端に、彼らの産業の発展は鈍り、経済成長は下方修正され続けるだろう。彼らはそうしたことを十分すぎるほど知っている。

中国の国内状況を見やれば、国際社会の要望を聞き入れる余地などないのである。世界第二の軍事大国に急成長した中国では、軍事費を上回る規模で国内治安対策費が支出されている。武装警察、サイバーポリスをはじめ、あらゆる手段で国民を監視し、徹底的に弾圧することで、ようやく国民各層の不満の爆発を抑止し、中国共産党独裁体制を維持しているのである。国民の不満を抑制している経済成長が鈍れば、不満が爆発する危険はさらに高まるだろう。だから、中国の経済成長を支える知的財産の窃盗はやめるわけにはいかないのである。

一方の米国は、国民一人一人の権利や少数派の立場の尊重、政治的正義（ポリティカル・コレクトネス）のますます熱心な追求など、アメリカ的民主主義を掲げ続けるだろう。価値観における中国との戦いを、中途半端にやめるわけにはいかない。ここは戦い抜くしかない。互いの国柄に関わる価値観の対立では、どちらかが屈服するまで対立も戦いも解消されない。その中で最も微妙な立場にいるのがわが国である。下手な行動は致命傷になりかねない。かといって、何もしないのでは米中対立の狭間で沈んでいくだけだ。

だからこそ、日本はいま最速で自力をつけなければならないのだ。わが国唯一の同盟国で世界最強の米国との関係を損ねることなく、しかし、米国にも日本の立場を尊重してもらうにはどうするのがよいのか。油断のならない隣国・中国は、日本を取り込まんと虎視眈々と狙っている。出来得れば日本の背骨を打ち砕き、精神的に中国の属国にしたいと考えているであろう。それがいま、中国はこの1年ほどのトランプ政権の対中政策の厳しさに直面して、日本に接近してきた。この中国との関係を利用しながら、日米関係に資するにはどうすべきなのか。

米中いずれの大国に対しても気概と力をもって当たらなければ、日本の言うことなどに耳を貸してはもらえまい。気概は日本の価値観に自信を持つことから生まれる。力は経済の繁栄と軍事力の強化から生まれる。わが国は世界第三の経済大国だ。足りないのは軍事力である。自衛隊の能力を物理的に倍増するほどの努力が必要だが、それが非現実的であるいま、急ぐべきは憲法改正である。一日も早い改正が求められている。

にも拘らず、わが国の選良たちは動きが鈍い。すでに10年以上も議論を重ねておきながら、未だに憲法改正は時期尚早だと言う。枝野幸男氏は民主党時代には憲法改正の必要性を説いていた。それが立憲民主党代表となったいま、安倍政権の下では憲法を改正すべきでない、議論にも応じないという。憲法改正に対する政治家としての信念はどこに消えたのか。理屈も立っていない。野党だけではない。メディアも、一部を除いて、国民の多くは憲法改正をまだ望んでいないと主張する。

だが、日本を取り巻く国際情勢はすでに述べたとおりだ。尋常ではない大変化が進行中だ。一言でいえば、米国が国際情勢への関与に消極的になり、その分、中国が膨張し続ける構図が見えている。米国はかつてのような米国ではない。世界最強の国家であり続けようとしつつ、一方で国際社会への関与には慎重に留保をつける。日米同盟を尊重しながらも日本の自立を強く求める。日本は普通の民主主義国と同様に、自国民と自国領土を基本的に自力で守るよう求められている。当然ではないか。どんな理由で米国は日本を守らなければならないというのか。世界第三の経済大国がなぜ、いつまでも米国に頼りきっていなければならないのか。米国に守ってもらうという戦後体制からの脱却を急ぐのは当たり前である。第一、守っている側の米国がそのように要求しているのである。

なぜそのことをもっと真正面から受けとめないのか。真の自立のために真剣に努力し、自立を成し遂げなければならない。時期はすでに遅すぎるほどだ。自立は待ったなしである。

こうした切迫した気持ちから、私は拙著の題名を「問答無用」とした。

トランプ政権発足から約2年が過ぎ、２０１８年11月、米国では中間選挙が行われた。トランプ氏は上院で与党勢力を51議席から53議席に積み増し、下院では野党・民主党が過半数の議席を奪った。トランプ政権にとって下院での優勢が崩れたことの負の影響は大きい。一方、上院での勢力積み増しは大きな力となる。

外交、安全保障政策は大統領の専権事項だが、上院の影響力は極めて強い。その意味でトランプ氏の対外政策は従来の路線通り続くと思ってよいだろう。

そこで、トランプ政権の外交戦略とは何か。最初の1年間は大統領がツイッターで発信する激しいコメントなどが目くらまし効果を発揮し、政権の戦略は見えにくかった。反中国という基本的方向がはっきりし始めたのは２０１７年暮れの頃だ。それ以降に発表された一連の政策は、まさに怒濤のような反中国の潮流そのものだ。以下、主な例である。

17年12月、トランプ大統領が「国家安全保障戦略」を発表した。本書でも触れたが、その特徴は、米国にとっての一番の脅威をそれまでのテロリズムから中国やロシアなどに定義し直したことだ。テロリズムを米国の第一の敵としたブッシュ、オバマ両政権の安全保障戦略を転換したのである。

年明けの18年1月、マティス国防長官がトランプ大統領の「国家安全保障戦略」の具体策として、「国家防衛戦略」を発表した。中露は「修正主義国家」で、第2次世界大戦後の秩序を破壊しつつあると警告し、「祖国はもはや安全な聖地ではない。アメリカが標的だ」と、強い危機感を表明した。

2月、国防総省が「核態勢の見直し」を発表した。米国が20年以上、新しい核戦力を配備していない中、中露は米国の核軍縮とは正反対の方向に突き進んだと非難し、米国の核戦略を大幅に強化し、同盟国及びパートナー国への拡大抑止を改めて保証した。

ロシアの中距離核戦力（ＩＮＦ）全廃条約違反も非難したが、これは8か月後、トランプ大統領によるＩＮＦ全廃条約の否定へとつながった。

3月、台湾旅行法を成立させた。米国をはじめ西側諸国の台湾への肩入れを中国は忌み嫌う。だが、トランプ政権は台湾に肩入れし、上院がこれを全会一致で支持した。台湾への武器売却も推進した。

一方、中国は台湾と外交関係を保っている弱小国に働きかけ、台湾との外交断絶、中国との国交樹立に踏み切らせる動きを加速し、台湾と国交を有する国は18年11月時点で17か国に減少した。

5月、国防総省は米軍が主催する環太平洋合同演習（リムパック）への中国軍の招待を取り消した。

6月、トランプ大統領は中国からの輸入５００億ドル（約５・５兆円）分に、25％の制裁関税を課すと発表したが、即日、中国政府は米国に同規模の報復関税を課すと表明した。

同月、米軍に宇宙軍の創設を指示し、中国の宇宙進出に対抗する姿勢を打ち出した。

8月13日、トランプ大統領が国防予算の大枠を定めた国防権限法に署名した。これによって米政府機関とその取引企業は、中国通信大手の華為技術（ファーウェイ）、中興通訊（ＺＴＥ）の機器使用を禁止された。中国への技術流出を食いとめるために、海外企業の対米投資を審査する対米外国投資委員会の権限も強化された。

3日後の8月16日、国防総省は「中国の軍事力年次報告書」を公表、中国を長期的に見て最大の脅威と明確に位置づけた。

さらに2日後の18日、トランプ大統領は米中間選挙への外国による干渉について、「ロシアにばかり目を向けている全ての愚か者たちは別の方向、つまり中国に目を転ずるべきだ」とツイッターで発信した。

9月、トランプ大統領は中国からの輸入２０００億ドル（22兆円）分に、10％の制裁関税をかけるよう米通商代表部（ＵＳＴＲ）に指示を出した。

10月4日、ペンス副大統領がハドソン研究所で激烈な反中演説を行い、世界にトランプ政権の対中政策の厳しさを認識させた。ペンス氏は徹頭徹尾、中国の不公正なやり方を批判した。中国共産党政権は米国が大切にする価値観とは相容れない補助金のばらまき、為替操作、企業に対する強制的な技術移転の要求、知的財産の窃盗などをし尽くしているとし、「中国製造２０２５」計画で世界の最先端産業の90％を握ろうとしていると論難した。中国国内での国民監視体制の異常さをジョージ・オーウェルの『１９８４』にたとえた。

ペンス氏は11月12日に来日したが、その折、先の演説は、単に同氏個人の考え方ではなく、アメリカ政府内で吟味して作成したものだと日本政府に伝えている。

10月10日、米議会はホワイトハウスときっちり足並みを揃えていることを示した。マルコ・ルビオ共和党上院議員らが中心となって発表した中国についての報告書だ。共和、民主両党の上下両院議員の総意として、ルビオ氏は中国共産党政府によるウイグル人弾圧を激しく批判した。３００頁を超える中国の人権状況に関する報告書で、幾千幾万のウイグル人の人権がどのように蹂躙され、どれほど多くのウイグル人が虐殺されたかを具体的に示し、「人道に対する罪」として告発する姿勢を示した。米国は行政府、立法府共に中国に対して厳しい政策を打ち出したのである。

それから10日後の10月20日、トランプ大統領は「ＩＮＦ全廃条約から離脱する」と語った。直接のターゲットはロシアになっているが、米国が真に狙っているのは中距離核を中心に構成された中国の核戦力である。

ここに記したのは米国の主な戦略と政策である。これらに付随する多くの決定も併せて考えると、米国の対中政策が如何に厳しいかが実感される。

中国は何故、このようなアメリカの激しい反発を買ったのか。長年、米国は中国に好意を寄せ協力してきたが、米国の友情はことごとく裏切られた、との思いはここ数年続いていたはずだ。そうした中、17年10月、第19回共産党大会での習近平氏の演説がひとつの決定的な分岐点になったのではないか。習氏は世界に向けて、中国は２０３５年までに世界最大の経済大国となり、49年、すなわち中華人民共和国建国１００年までに、世界最強の軍事大国になると演説した。

そのとき中華民族は世界諸民族の中にそびえ立つというのが習氏の夢だ。それを可能にするために産業政策、「中国製造２０２５」を打ち出し、世界の主要産業で中国優位を確立すると宣言した。

習氏は一帯一路政策の遂行を宣言して久しいが、一帯一路は地球上に中国主導の経済圏を築き上げ、軍事力と結びつけて中国の覇権を世界に打ち立てることを意味する。

たとえば、中国が初めて国外に築いた軍事基地がアフリカのジブチにある。ジブチは紅海とアデン湾の境に位置する戦略的に重要な場所だ。この中国海兵隊の基地に隣接して、彼らは新しい港を作った。中国海軍の艦船が自国の港であるかのように接岸している様子が見てとれる。そこには鉄道まで敷かれており、鉄道はエチオピアにつながっている。一帯一路が軍事的な勢力拡張と一体化しているのである。中国主導の経済圏の拡張は中国の軍事的勢力の膨張そのものだという構図が、同国の最初の海外基地を通して見えてくる。

一帯一路と日米主導のインド・太平洋構想は競合関係にあり、中国は油断ならない動きを見せている。彼らは第一列島線、第二列島線をすでに越え、第三列島線まで築き始めた。

第一列島線は日本列島から南西諸島、台湾、フィリピンを結ぶ線である。

第二列島線は小笠原諸島からグアム、パラオ、パプアニューギニア経由で豪州北部を結ぶ線だ。

第三列島線はハワイからニウエという小さな島経由でニュージーランドにつながる線である。

中国は第二と第三の線の間に散在する島嶼国に勢力を広げるが、その手法は、これら太平洋に浮かぶ小さな国々に気前よく融資し、債務の罠に落とし込むものだ。太平洋の島嶼国を拠点にできれば、中国の太平洋進出戦略は大きく好転する。一帯一路計画は中国から西へ広がるものと思われていたのが、現在は、東へ東へと伸びている。米国が刺激されないはずがない。

米国は単に貿易赤字解消のために貿易戦争を始めたのではない。中国は、中国共産党独自の価値観、力を背景にした有無を言わさぬ恫喝外交、その結果としての勢力拡大の道をつき進もうと、およそ全分野で米国に挑戦する。米国はそうした挑戦を退けようとしているのだ。

この対立の中に日本は立っている。日本は明確に米国の側に立つのがよい。中国式の価値観で統率される世界ほど惨めなものはない。誰も幸せにはなれない。民族が民族として、日本人が日本人として生きていくことも難しくなる。自由、人権、民主主義、法の支配などを基本的価値とする地球社会を守るには、米国の側に立つしか選択肢はない。

しかし、そうした中でも日本の立場は苦しいものとなる。米国は安倍・トランプ両首脳の友情を遥かに超えて、日本にあらゆる意味での自立と公正なる競争を求めている。トランプ政権は日本の対米貿易黒字について、いずれ厳しい要求を突きつけるだろう。安全保障についても、明確に自立せよと要求するだろう。

米国を唯一の同盟国とし、安全保障を米国に頼る日本人は、先述のペンス演説に「同盟」という言葉が出てこないことを心に刻んでおかなければならない。ペンス演説で日本が登場するのは、

「近い将来、日本とも自由貿易協定に向けて歴史的な交渉を開始する」というくだりだけだ。

日本とは、米国ペースで貿易問題を決着させる。米国のやり方を貫き通して、日米関係も米国の国益に適《かな》う形にするという構えを示す一方、安全保障では日本の自立を強く求め続けるということである。


現実を見て常識に沿って考える人は、いま日本がなすべきことはあらゆる意味で自力を強めることだと、はっきりわかるはずだ。経済をより強くし、軍事力を普通の民主主義国と同じように強めていくことが必要だと理解できるはずだ。トランプ氏は北大西洋条約機構（NATO）諸国に各国のGDPの2％を国防費に充てるように求めているが、日本にも同様のことを求めてくるのは間違いない。防衛費の倍増は急激に実行できるものではない。だが、日本の安全保障力を高めること、士気を高め、それをもって抑止力とすることは、憲法改正への動きを広め、加速することで可能である。自国の防衛を国際社会に委ねる、夢見る人の非現実的な世界を前提とする現行憲法を改めようと、日本国民が議論すること自体が国防力の醸成につながる。けれど憲法論議はまるで進んでいない。日本が真っ当な自立国にならなければあらゆる火の粉をかぶる、という局面にあって、なお動こうとしないのはなぜか。

繰り返すが、枝野幸男氏は民主党時代、憲法改正が必要だと主張し、13年、月刊『文藝春秋』に論文を発表した。それがいま、安倍政権には憲法改正はさせない、議論もしないと豹変した。

多くの野党は改正には時期尚早と言うが、まるで国際情勢を踏まえていない。

与党の一翼を担う公明党もおかしい。そもそも安倍首相の9条1項、2項はそのまま維持して、自衛隊を憲法に書き込むという「加憲」の案は、以前の公明党の公約である。それなのにいま公明党はさまざまな理由を掲げて、憲法改正に取り組もうとしない。

憲法改正に反対する政党はおしなべて、国民を愚か者扱いしているのではないか。憲法改正は国会が提起（発議）するが、最終決定は国民が行う。つまり、国民が決めるのである。国民になぜ、決めさせないのか。国民投票の機会をなぜ与えないのか。

国民の一部が憲法改正に反対しているのは事実である。しかし、それでも国際社会の激しい動きを認識し、急ぎ対応するのがよいと考えている人々は少なくない。むしろ多い。その人たちは子供や孫の世代の日本人に、今よりしっかりした国を残したいと考えている。そのためにどうしても必要な憲法改正について国民としての判断を示したいと考えている。決める重い責任を、祖国に対して果たそうと考えている。

しかし、政党や政治家が、国民の「決める権利」を阻害しているではないか。「まだ早い」などと、どういう資格で言うのか、国民が納得するよう、説明せよ。

憲法制定からすでに70年余り。憲法改正は待ったなしだ。安全保障分野での自立も同様だ。あらゆる面での自立を急いで進めなければならない。まさに問答無用なのである。

平成30年12月5日

問答無用　目次

第3章　日本の誇りを改めて見直す

第4章　米中から目を逸らすな

第5章　緊迫する国際情勢、日本が進むべき道

第6章　真の「国益」とは何か

第7章　今こそ、日本は正念場だ

装幀　新潮社装幀室

第1章　今こそ「歴史戦争」に打ち勝つ時だ

真珠湾攻撃の意味を変えた首相訪問

皆さんのお目にとまる頃、この記事はもう古くなっているかもしれないが、ハワイ州立大学の私の恩師、ジョージ・アキタ名誉教授は、安倍晋三首相とバラック・オバマ大統領が2016年12月27日、揃って真珠湾を訪れたことをとても喜んでいた。

ハワイ生まれの日系2世である教授は17年の今年91歳になる。真珠湾攻撃のときは15歳だった。師が語った。

「ヨシコさん、日米がより良い友人になることが一番大事なんだよ。僕は毎年、12月7日（真珠湾攻撃の現地時間）のことを思うけれど、75年が経った今回は特に念入りに新聞やテレビのニュースを見た。そして、気づいたよ。かつて真珠湾攻撃にはスニーク・アタック（卑怯な攻撃）という形容詞がつきものだったけれど、今回はほとんどがサプライズ・アタック（奇襲攻撃）に変わっていた。この2つの表現のニュアンスの違いは大きいでしょ。アメリカ人も75年が過ぎて、当時の日本の事情を理解し始めている。安倍首相の語ったように和解を両国関係の基本にすべきなんだよ」

アキタ先生は敗戦国日本に米軍兵士として駐留し、後に夫人となる日本女性に出会った。夫人はいま、先生が米国軍人として自らの永眠の場と定めた、米国立太平洋記念墓地（パンチボール）に眠る。

私の日系人の親友でハワイ在住のジニー・前田氏も語った。

「日米2人の指導者が真珠湾に花を手向け、全ての犠牲者の霊に鎮魂の祈りを捧げた。戦っても許し合う。受け入れ合う。それが本当に在るべき姿だと思う」

攻撃から75年、16年12月27日が、真珠湾攻撃の意味を変えた日になったと語るのは、萩生田光一官房副長官である。

「安倍総理がオバマ大統領に呼びかけたのです。これまでは『リメンバー・パールハーバー』、恨みつらみや復讐を思わせる呼び方だったけれど、これからは『和解の日』、The Day of Reconciliation にしようと。オバマ大統領は非常に前向きでした。大統領だけでなくアメリカ社会にもその準備ができていたことをハワイで感じました」

勇者は勇者を尊敬する

萩生田氏は真珠湾の記念館を訪れて改めて心を動かされた。

「歴史博物館などではどうしても自国有利に歴史を描きがちです。しかし、記念館では、日本も戦争回避に努力したこと、攻撃の背景にアメリカの対日経済封鎖があったことなども書かれていました。真珠湾を攻撃して戦死した零戦パイロット、飯田房太中佐の遺体も、アメリカ軍は基地内に埋葬し、記念碑を立てて、現在に至るまで海兵隊が守ってくれています」

アメリカ社会全体が日本憎しの怒りで沸騰していた空気の中で、日本軍人を丁寧に埋葬し、任務を果たした勇気ある軍人としてアメリカ側は顕彰した。それを今日まで、海兵隊が続けていた。敵と味方ではあっても、「勇者は勇者を尊敬する」という価値観をアメリカは日本に示してくれている。それだけではないと、萩生田氏は次のようにも語った。

「アメリカ政府は現在も遺骨収集を続けています。真珠湾近郊の米国防総省捕虜・行方不明者調査局の中央身元鑑定研究所に各戦跡地で収集された遺骨を集め、DNA鑑定し、日本人だとわかると、持ち物などからも判断して日本側に連絡してくれます。可能性のある家族を見出して、その家族のDNAと照合し、一致すれば遺骨を返してくれる。こうしたアメリカの人々の誠意に感謝の思いが湧いてきました」

歴史を振りかえれば日米間には軍事だけではなく、外交においても激しい攻防や謀略があった。否定的に考えればいくらでも後ろ向きになれる。しかし、そこから脱して、未来を見詰めることが、オバマ大統領の言葉のように、「お互いのために」大事だ。

とりわけいま、世界は予測し難い局面に入っている。それは日本が、恐らく最も苦手とする謀略と情報操作の世界である。ロシアがサイバー攻撃でアメリカ大統領選挙に介入したことは、オバマ大統領が介入があったとする米中央情報局（CIA）の報告を確認したことから見て、ほぼ間違いないだろう。

ヒラリー・クリントン氏の敗退を最も喜んでいると思われるプーチン大統領は、これから欧州各国で行われる大統領選挙や議会選挙にも同様にサイバー攻撃を仕かけ、ロシアに有利な体制を各国に打ち立てようとするだろう。西側諸国の国民が民主主義実現の手段と考える自由選挙が、よからぬ意図で情報操作されることは、いまや可能性の問題から一歩進んで忌むべき現実となりつつある。大国だけでなく、北朝鮮のような小国、そしてテロリスト勢力でさえも、こうしたことを実行できる危険な時代に世界は入っており、日本はこの分野では最も脆弱な大国だ。

日本の力を強化する

加えて、わが国の隣国は「まるで息をするように嘘をつく」。この表現は民進党代表（当時）の蓮舫氏が安倍首相批判に用いたものだが、彼女はこの凄まじく強烈な批判を向ける対象を完全に間違えている。このように非難すべき相手として、最も適切なのは中国共産党であろう。

16年12月10日、中国国防省は「訓練中の中国軍機に航空自衛隊の戦闘機が妨害弾を発射した」と発表。防衛省は直ちに具体的に反論して、中国の主張が捏造であることを事実関係をもって示した。

中国の攻撃は言葉による嘘だけではない。前代未聞の強硬手段も取り始めた。12月15日、南シナ海で中国海軍は、米海軍の抗議を無視して、米軍の眼前で海洋調査船の無人潜水機を奪い去った。

前日には、彼らが南シナ海のスプラトリー諸島で埋め立てた7つの島のすべてに航空機やミサイルを撃ち落とすことのできる近接防御システム（CIWS）を配備したことが判明している。中国が己れの力に自信を持ち、アメリカと対抗することも辞さずと挑戦し始めたことが窺い知れる。

彼らはさらに、安倍首相が真の和解のために真珠湾に向かったのとほぼ同時進行で、空母「遼寧」を沖縄本島と宮古島の海峡に向かわせ、第一列島線を突破させた。その後「遼寧」は南シナ海に進み、中国第2の海軍基地、海南島の港に入り、沿岸諸国を脅かし続けている。

そうした中、トランプ政権の政策が見えてこない。「なぜ、中国はひとつと、言わなければならないのか」と問う氏の政権には対中強硬派が揃っている。中国に安易な妥協はしないという意味で、日本にとっては対中宥和《ゆうわ》に走る政権よりも余程よいと思うが、同時に、実利に聡い余り、氏は逆に、中国に歩み寄る可能性もある。

力で押すもうひとつの国、ロシアへのトランプ氏の政策も不確かだ。

先行き不透明な国際社会で、日本が集中すべきことは2つ。日本の力をあらゆる意味で強化すること、日米同盟を誠実に強化し続けることだ。その意味で安倍首相の真珠湾訪問には実に深い意味があった。


（2017年1月12日号）

歴史戦争に勝つには真実しかない

今年（2017年）、日本が直面する大問題のひとつに、中韓両国の国民が第2次世界大戦中に強制連行され苛酷な労働を強いられたとして、日本企業に個人賠償を求めて起こす訴訟がある。16年12月6日、中国人27人が、北京の第三中級人民法院（地方裁判所）に、第2次大戦中の強制動員と苛酷な労働に対して、謝罪と1人100万元（約1600万円）の賠償を求めて鹿島を訴えた。中国における鹿島への訴えは初のケースだ。

第三中級人民法院が訴えを受理するか否かはまだわからない。受理なら、それは中国共産党政権に、日本追及の明確な意図があると考えてよいだろう。中国には三権分立の思想も制度もなく、政治が司法の上位に立つため、裁判になれば鹿島の勝ち目は少ないと思われる。

中国ではすでに同様の理由で三菱マテリアルが訴えられ、16年6月1日、同社は裁判を避けるため、原告の一部を残して和解に応じた。三菱マテリアルが妥協し、謝罪し、資金の提供などに応じた和解に、中国人側代理人は「心からの敬意」を表し、中国人原告団を支援した日本の左翼系団体は「強制労働問題の解決の模範」と絶賛した。つまり、日本側から見れば完全な敗北と言える内容だった。

強く押せば日本側は屈する。三菱マテリアルの和解は中国側にそう確信させたであろう。鹿島を訴えた中国人原告団の代理人、康健弁護士は、「鹿島訴訟の原告の1人は三菱マテリアルの和解を知って名乗り出た」と語っている。恐らくもっと広がっていくであろう中国人による対日企業訴訟は、三菱マテリアルの和解が端緒なのだ。

三菱マテリアルの裁判で、中国人原告を支援した平野伸人氏が、中国での訴訟は、実は韓国での訴訟から学んだ結果だと分析している。このことからも明らかなように、対日企業訴訟で中韓両国は緊密に連携している。

日韓間の問題は、1965年の日韓基本条約によって全て解決済みである。日中間では72年の日中共同声明で個人の請求権も含めて解決されている。にもかかわらず、韓国では日本企業に対する訴訟が相次ぎ、韓国最高裁も2012年に個人の請求権はまだ有効だと判断した。結果、15年4月21日には三菱マテリアルを含む日本企業72社に未払い賃金など、1人1000万ウォン(約97万円)を求める裁判が起こされた。

4代にわたる怨恨

日本企業を訴える背景には、戦時中に日本が労働者を強制連行或いは強制動員し、奴隷的労働を強いて、逃亡させないように監視していたなどという主張がある。だがそのような主張を一蹴し、真実を知る一助となる本がある。朝鮮人の鄭忠海《チョンチュンヘ》氏が1990年に出版した『朝鮮人徴用工の手記』(河合出版)がそれだ。著書は朝鮮半島の人々の日本観の厳しさを含めて、多くを教えてくれる。

鄭氏は19歳でソウルのキリンビールの会社で働き始め、翌１９３９年、福本コンクリート工業所に就職した。結婚し2児の父親となった氏は、44年の冬の「徴用令状」で「強制動員」された。同年12月に広島の東洋工業に配属されたときは26歳、約10か月を日本で過ごし、原爆を免れ帰郷した。その氏が、日本滞在を振りかえったのがこの『手記』だ。

全篇を通じて伝わってくるのは、氏の祖国愛と、その裏返しとしての日本に対する強い敵愾心である。45年３月に入ると東京大空襲があり、その後大阪も焼き尽された。そのときのことを氏は次のように書いた。

「我々（朝鮮の徴用工）が無言の中に密かに願っていた大空襲だ」「期待して見るだけだが、燃やしてしまえ、早ければ早いほどよい」「東京がみんな焼けてしまったり、大阪がなくなったということは我れ関せずであるが、痛快というばかりだ」

空襲で無数の無辜《むこ》の民が犠牲になったことを「哀しい」としながらも、「対岸の火事」だと言い切る。氏の日本観は「親子四代にわたる怨恨」である。氏の著書が出版されたのは90年だが、戦後45年経っても怨恨は晴れないと書いている。このように厳しい対日観を有する人物が「強制動員」について書いた内容は、逆の意味で大きな驚きである。

家族とは再び生きて会うことはないと覚悟して日本にやってきたが、東洋工業の受け入れ体制は想像以上に手厚かった。釜山港から博多へ渡り、博多駅から列車で広島に向かう鄭氏のそばに東洋工業の野口氏が来て座り、「長距離の航海、長時間の汽車旅で非常にお疲れでしょう」と労《ねぎら》ったというのだ。

徴用工は、軍が、抵抗する人々を殴りつけ、拘束し、或いは逃亡防止で厳しく監視して引っ張ってきた労働者だという、中国人や韓国人、彼らを支援する日本の左翼系の人々が主張する強制連行のイメージとは全く違うではないか。鄭氏はさらに書いている。

「連絡船に乗ってから、会社側では我々に不便がないようにといろいろ気遣ってくれていた。好感を得たいためか、我々には思いがけないサービスをしてくれた。いずれにしてもありがたいことだ」と。

広島・向洋《むかいなだ》の東洋工業では、海岸近くに木造新築2階建の寄宿舎があり、20畳の部屋に徴用工用の絹のような清潔な寝具が10人分用意されていた。

日本企業の公平さ

44年の冬に日本に来た鄭氏の食糧事情はどうだったか。多くの日本国民はすでに厳しい食糧不足の中にあったのではないか。だが氏の食生活は信じられないほど豊かで、次のように書かれている。

食事は「思いのほか十分で、口に合う」だけではなかった。集団生活の中で、彼らは夕食後に度々宴会を開いたという。みかんやネーブル、なまこやあわび、さらに酒まで出たと書いている。

一方、着いた当初は基礎的な軍事訓練が続き、「日課が終わった後には何もすることがない」といった状況で、遂に鄭氏は「何にもならないこんな訓練だけ」が続くと贅沢なぼやきをもらしている。

日本企業が徴用工に極めて真面目に向き合っていたのは明らかだ。東洋工業は鄭氏らに第1工場から第11工場まで全体を見学させ、工場で生産する99式小銃を完成させるのに、鄭氏らの作る部位がどのような意味と重要性を持つかを理解させようと努めている。朝鮮人に対する差別意識などうかがえず、日本人と全く同じ扱いである。

差別意識がないといえば、工場で働く女子挺身隊の若い女性たちも同様だった。日本の若者たちが出征していった中で、一群の若い朝鮮人男性たちが一躍人気者となっている。鄭氏は2児の父でありながら日本人女性と恋に落ちた。そのことは、日本人である女性の側にも差別意識がなかったということであろう。

軍と企業の差も鄭氏は独特の視点で描き出している。45年3月のひと月間、氏が軍令によって奈良県の西部国民勤労訓練所で教育を受けたときのことだ。この間は食事の量も「死なない程度の最低」しか与えられず、規律は厳しく、勝手に外出してあわびや酒で宴会することなど許されなかった。日本軍においては規律は厳しかったのである。日本の軍人は皆、その厳しい規律を守って祖国の守りに徹していた。そこで訓練を受けた朝鮮半島からの「日本国民」も等しく同じ扱いだった。一方、民間企業においては状況ははるかによかった。衣食住すべてにおいて恵まれた環境に東洋工業はあり、その中で鄭氏も戦時下とは思えない豊かな食事を供され、大事にされたということが読みとれる。つまり朝鮮半島からの労働者を受け入れた日本軍も、彼らを社員として受け入れた日本企業も、待遇は公平だった。そのことが、巧《たく》まずして鮮やかに描かれているのである。

いま私たちが中韓両国民、日本人、そして世界に知らしめていくべきはこうした真実の数々である。真実の力をもって、中韓の言いたてる日本非難がどれだけ間違っているかを証し、対日企業訴訟に打ち勝つ決意が大事である。

（2017年1月19日号）

今上陛下が研究、光格天皇の功績

２０１７年1月24日、「産経新聞」が1面で報じたスクープ記事が深く心に残る。約6年半前、天皇陛下がご譲位の意向を示された際、光格天皇の事例を調べるよう宮内庁側に指示なさったという内容である。

光格天皇は今上陛下の6代前、直系のご先祖だ。譲位をなさった最後の天皇で、現在の皇室と天皇の在り方に画期的な影響を及ぼした。その生涯を辿ることは、安倍政権の大きな課題であるご譲位問題を考えるのに大いに参考になるだろう。

光格天皇に関して教えられるところの多いのが東京大学名誉教授、藤田覚氏による『幕末の天皇』（講談社学術文庫）だ。光格、孝明、明治の三天皇について記した目的を、氏は「天皇・朝廷は、幕府からも反幕府勢力側からも依存されうる高度な政治的権威を、いついかにして身に着けていったのであろうか。そこのところを考えてみようというのが、本書の主要なテーマ」だとしている。

3代の天皇中、最も注目されるのが明和8（１７７１）年に生まれ、天保11（１８４０）年に数え年70歳で崩御した光格天皇である。天皇在位39年、譲位後は上皇、院として23年、都合62年間君臨された。昭和天皇の在位64年に匹敵する長い期間を通して、光格天皇は闘い続けられた。
藤田氏は以下のように描いている。
「ときに江戸幕府と激しく衝突しながら、なおその主張を貫こうとする強靱な意志の持ち主」、「ようよう本格的な曲がり角を迎え、腐朽しはじめた江戸時代の政治的、社会的状況のなかで、天皇・朝廷の復古的権威の強化を積極的にはかり、きたるべき激動の幕末政治史のなかで、天皇・朝廷がその主役に躍りでる基礎的条件を主体的に切りひらいていった」

光格天皇を駆り立てた要因のひとつに、天皇即位に至る事情があるだろう。安永8（1779）年、後桃園《ごももぞの》天皇は、夏から病んでおられたが、10月になって容体が急変し、29日に遂に崩御した。22歳の若さであり、後に残されたお子は幼い女児1人だった。

そこで9歳の祐宮《さちのみや》、後の光格天皇が急遽、後桃園天皇の養子となって皇統を嗣がれた。幼い天皇の父は閑院宮典仁親王《かんいんのみやすけひと》。閑院宮家は宝永7（1710）年創設の「新しい宮家」である。

強い皇統意識

その存在は江戸時代にどう評価されていたのだろうか。藤田氏は江戸時代に実際にあった朝幕間の紛争事件を題材にした『小夜聞書《さよのききがき》』という書物を次のように引用している。

「当代の主上（天皇）は、閑院典仁親王の御末子にて、先帝後桃園院御不例《ふれい》の時に御養子になされ、程なく践祚《せんそ》ましましける、よって御血筋も遠く相なりし故に、諸人軽しめ奉《たてまつ》るには非ずといえども、何やらん御実子の様には存じ奉らず、一段軽きように存じ奉る族《やから》もこれありけり」

9歳の幼さとはいえ、このように自分を軽んずる空気を光格天皇は直感したことであろう。若き天皇に、前の前の天皇で上皇となっていた後桜町院が学問に打ち込むよう勧めた。天皇は熱心に学問に打ち込み、18歳までに、「自ら朝廷政務を主宰」するほどの立派な青年天皇に成長した。光格天皇の英邁さが窺われる。

そこに追い風が吹いた。光格天皇の生まれた明和8年は日本全体が伊勢神宮への「おかげ参り」の熱に染まり、数百万人がお伊勢さんに押し寄せた年でもある。それに似たような、京都御所の周囲を人々が廻り続ける「御千度《おせんど》」という現象が起きたのが光格天皇17歳の頃、天明7（1787）年だった。ピーク時には約7万人ともいわれる人々が浮かれ出て御所の周囲を廻り続けた。

天明の飢饉で米価が高騰し、生活苦が深まる中、人々は町奉行所に頼んでも埒が明かないため、天皇に救済を祈願した。

天皇はこの機を逃さず、幕府に窮民救済の異例の申し入れをした。藤田氏の文章を引くと、こうなる。

「朝廷側には、おずおずというかおそるおそるという態度がありありと見える。それもそのはずである、飢饉で飢えて苦しんでいる民衆を、なんとか救済するようになどと朝廷が幕府に申し入れるなど、かつてなかったからである。（中略）まさに異例中の異例である」

天皇主導の申し入れに関しては偽文書も飛び、尾ひれがついて「窮民救済に奔走する朝廷と及び腰の幕府」という図式が生まれ、広く庶民の知るところとなった。民は明らかに朝廷を支持し、その支持の高まりの中で、天皇は君主としての意識を強めていった。

光格天皇はまた強い皇統意識の持ち主でもあった。幕府の威光の下で軽視されていた天皇の権威を高めるために次々と手を打った。長く中断されていた神事を再興し、古来の形式を復古させた。新嘗祭《にいなめさい》がその一例だ。現在は勤労感謝の日などとされているが、これは天皇が新穀を神に捧げ、自らもこれを食する儀式であり、宮中祭祀の中で最も重要なものとされている。

天皇像を模索

神事再興にとどまらず、御所を平安時代の内裏に則って造営することを光格天皇は願った。天明8（1788）年に京都を襲った大火で御所は灰燼に帰したが、天皇はその機をとらえた。紫宸殿や清涼殿などを荘厳な形に復古すべく、内裏造営計画を立てて幕府に要請した。財政難もあり、渋りに渋る幕府に朝廷は迫り続け、最後には要求を通したのである。

その先に天皇の実父への尊号宣下問題が生じた。光格天皇は父の閑院宮典仁親王に太上天皇《だいじょう》の称号（尊号）を贈ろうとしたが、尊号は譲位した天皇に贈られるものだ、典仁親王は天皇の位にはついていない、光格天皇の願いは「親子の恩愛」ではあっても「道理がない」とし、幕府は「なお再考を求む」と回答した。

そのとき光格天皇は思いもよらない挙に出た。当時、政務に携わる公家は一部の官職に限られていたが、その範囲を超えて広く41人の公卿に勅問（天皇の質問）を下したのである。「異例の公卿群議」で圧倒的な支持を得た天皇は、それを背景に幕府に尊号宣下の実現を要請した。結論から言えば、幕府の主張が通ったのだが、藤田氏は一連の経緯について「異例のやり方」と書いている。

光格天皇の強烈な君主意識と皇統意識が皇室の権威を蘇らせ、高めた。その権威の下で初めて日本は団結し、明治維新の危機を乗り越え、列強の植民地にならずに済んだ。
藤田氏が書いたように、光格天皇はご自分なりの天皇像を築かなければならなかった。そこが今上天皇との共通項であろう。象徴天皇とは何か、その点を模索され続けた今上陛下のお言葉を、改めて深く心に刻み、考え続けるものである。

（２０１７年2月9日号）

【追記】

今上陛下が事実上、ご退位のお気持ちを表明されたのが平成28（２０１６）年8月8日だった。結論からいえば、２０１９年4月末にご譲位なさることが決定された。そうした背景の中で、皇室と日本にとってご譲位がどんな意味を、その意図にかかわらず持つのかについて考えることが大事なのではないか、との思いで記事は書かれている。

左の系図を頭に入れておくと理解が深まるのではないか。なお、図では江戸時代以降の天皇のみを表記している。

後水尾《ごみずのお》天皇は江戸時代初期の天皇で、在位18年の後、51年間にわたって院政を行った。その孫に東山天皇がおられる。東山天皇の第6皇子・直仁親王が閑院宮家を創設した。閑院宮家の3代目が光格天皇である。

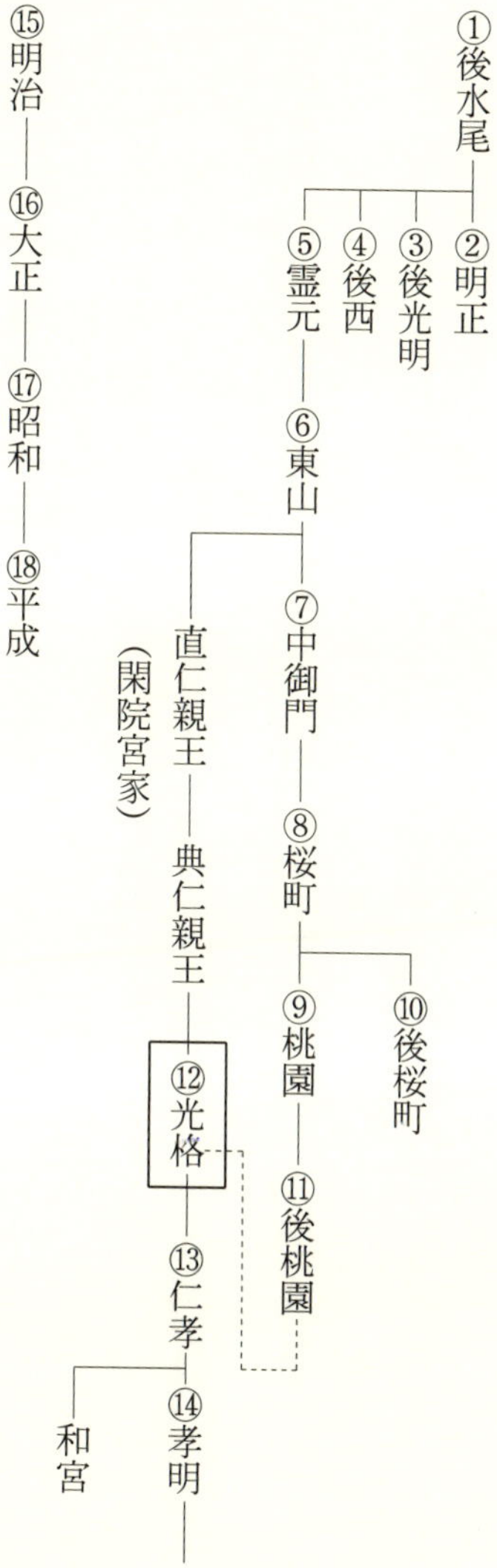
①後水尾
②明正
③後光明
④後西
⑤霊元
⑥東山
⑦中御門
⑧桜町
⑨桃園
⑩後桜町
⑪後桃園
直仁親王
（閑院宮家）
典仁親王
⑫光格
⑬仁孝
⑭孝明
和宮
⑮明治
⑯大正
⑰昭和
⑱平成

4代前の孝明天皇、闘いの武器は譲位

明治天皇の父帝は孝明天皇でいらっしゃる。今上陛下にとって、4代前の直接のご先祖である。孝明天皇は幕末の動乱時代を文字通り闘い抜いて、突然死された。余りにも急な崩御に毒殺説が流布されたほどだ。孝明天皇の闘いを理解するには、同天皇の祖父帝、光格天皇を理解しなければならない。

光格天皇は、江戸幕府と激しく衝突しながら、63代の冷泉院から118代の後桃園帝まで900年弱の間途切れていた「天皇」の称号を復活されるなど、廃れていた皇室の権威を取り戻し、多くの神事や祭祀を復興された一生だった。同天皇についてはすでに当欄で取り上げたが、その政治的、社会的遺産を引き継いだのが孫の孝明天皇である。

孝明天皇は天保2（1831）年に生まれ、弘化3（1846）年に16歳（数え年、以下同）で践祚《せんそ》し、在位21年、36歳で慶応2（1866）年に崩御した。孝明天皇践祚の4年前、1842年までのアヘン戦争で、清国はイギリスに完敗し半ば植民地とされた。幕府も震え上がった戦争である。列強が日本をも狙う中で、わが国と長い交流のあったオランダ国王は、清国と同じ運命に陥る危険を回避するために開国を勧める親書を送った。

以降数年間に、琉球、浦賀、長崎、相模鶴ケ岡沖、西蝦夷地、下田などをフランス、アメリカ、イギリス、デンマークなどの船が度々訪れては威容を誇示した。迫り来る危機を多くの人々が感じ始めた時代である。

その時、若き孝明天皇が幕府に海防勅書を下された。重なる異国船の来航に対して、幕府は厳重な海防態勢をとっているではあろうが、心配だとし、「異国を侮らず畏れず海防をいっそう強化し、『神州の瑕瑾《かきん》』（日本国のきず・恥）とならないように処置」せよと言い渡された。

開国に断固反対

『幕末の天皇』の著者、藤田覚氏は右の勅書と同時に、朝廷が幕府に対外情報に関する報告を要求したことに注目する。政治権力から隔てられ、幕府の威光に圧倒され続けていた朝廷が、国際情勢の変化の中で幕府が力を落とし始めたその機を逃さず、朝廷の影響力を強めようとした。対外情勢についてまず朝廷に報告せよと、義務を負わせたことで、朝廷と幕府の地位はついに逆転したのだ。祖父帝・光格天皇が強化した朝廷の力と威光を孝明天皇はさらに強化、活用された。結果、幕府と日本国の政治は激しく揺さぶられ、動乱の渦を引き起こしていく。

嘉永6（1853）年、アメリカ東インド艦隊司令長官のマシュー・ペリーが浦賀に来航した。黒船4隻の衝撃の中で孝明天皇が果たした役割について、藤田氏が刮目の事実を書いている。

幕府は開国を要求するアメリカ大統領の国書に容易に回答を出せないまま、諸大名の意見集約と「人心折り合い」を探った。アメリカの力に押し切られた幕府は翌嘉永7（1854）年に日米和親条約を結び、下田・箱館を開港した。

和親条約に続いて修好通商条約締結も迫られた幕府は安政4（1857）年暮れ、諸大名を江戸城に集め合意形成を図った。幕府は大名の7割は賛成と見たが、なお異論を封ずるために朝廷の勅許を得るべく、外交担当の老中堀田正睦《まさよし》を京都に派遣した。ところが、幕府の思惑とは対照的に安政5（1858）年1月25日に天皇が関白九条尚忠《ひさただ》に送った宸翰《しんかん》にはこう書かれていた。「通商条約については、たとえ老中が上京していかに演説しようとも断固拒絶する、もしも外国人が納得しないならば『打ち払い』、すなわち攘夷する決心だ」（『幕末の天皇』）

朝廷側の意見は必ずしもまとまっていなかったが、孝明天皇は開国に断固反対だった。天皇の思いは公武合体で幕府を強化し、鎖国を続け、その上に君臨することだった。

そもそも朝廷の意思は朝議によって決定される。朝議は関白をはじめ、議奏《ぎそう》、武家伝奏《ぶけてんそう》という職責にある公家らの合議による。叡慮《えいりょ》、つまり天皇の考えだけで決定されるわけではない。そこで堀田は必死に説いた。「地球上のあらゆる国と国民を資本主義的市場経済に引きこんでやまない世界情勢の激変に直面し、選択肢は、そのなかに入ってゆくか、拒絶し鎖国を維持するため戦争するしかない、しかし勝利する可能性はない、とすれば通商条約を締結して世界の市場経済の一員となり、国家、国勢の挽回を他日に期すしかない」（同）と。

公家らの前で開国こそ生きる道だと説く堀田の主張は正論である。しかし、孝明天皇は堀田の説明を疑い、左大臣近衛忠熙《ただひろ》に宸翰を送って、本当に日本は戦争には勝てないのか調査せよと命じている。開国反対の余り、天皇は幕府の考えに一切、耳を貸そうとはされなかった。

最大最後の抵抗

眼前の国際情勢の激変から目を背ける孝明天皇は朝廷内においてさえ孤立し、対米通商については幕府に白紙委任する方針が朝廷の意向として打ち出された。それでも天皇は諦めず、より多様な意見を聞いて決着せよとの宸翰を安政5年3月7日に発した。

天皇の指示は公家たちを動かし、5日後、公家88人が御所に集合し、幕府一任取り消しを要求した。藤田氏は「孝明天皇の鎖国攘夷という不動の意思が公然となった」と書いている。天皇の幕府への挑戦は、公家を巻き込んだ各藩の武士たちの尊皇攘夷派、佐幕派の対立を深めていった。対する幕府は彦根藩主井伊直弼を大老に任じ、井伊は日米修好通商条約調印を断行した。天皇は激怒し、幕府の非を鳴らした。天皇の怒りと幕府問責を広く知らしめるため、幕府だけではなく水戸藩へ、また水戸藩を通じて三家、三卿、家門大名に、さらに近衛家などを通じて姻戚関係のある大名にも、幕府の非を伝えるよう命じる「戊午《ぼご》の密勅」を出した。

天皇の振る舞いに幕府は強く刺激された。井伊は、一橋慶喜を将軍の後継にしようとする一橋派や、天皇を担いで幕府に抗そうとする反対派の弾圧に乗り出した。多数の有為の人材の命を奪った安政の大獄の始まりである。

戊午の密勅よりも少し前、幕府の対応に憤慨した孝明天皇は、幕府に究極の闘いを挑んでいた。『孝明天皇』（福地重孝、秋田書店）にはこう書かれている。

「孝明天皇はひどく怒られ、安政五年（一八五八）六月二十八日、時勢がここに至ったのは、聖徳の及ばざるためであると、深く幕府の専断をなげき、関白九条尚忠らを召して『譲位の密勅』を賜わった」

天皇の究極の武器が譲位だったのである。福地氏はさらにこう書く。

「八月五日、幕府のやり方が天皇の意志に副わないので、天皇から重ねて譲位の勅諭があった。天皇が退位するというのは、天皇の幕府に対する最大最後の抵抗である」

今上陛下のお言葉に関連して現在進行中の議論を考える際、このような歴史もまた、振りかえらざるを得ないのではないだろうか。

（2017年2月16日号）

日本もチベット支援の先頭に立て

先日、チベット亡命政府の首相、ロブサン・センゲ氏に会い、話を聞く機会に恵まれた。センゲ首相は2017年現在、政権2期目。2月14日には夫人のケーサン・ヤンドゥン氏と10歳のメンダ・レワさんと共に衆議院議員会館の講堂で「チベットと宗教の自由」の演題で45分間語った。中国という、世界で最も厄介な国に祖国を奪われ、圧迫され続けているチベット人にとって、宗教の自由を守ることは中国の圧迫とどう向き合うかという命題そのものである。

センゲ首相を招いたのは、16年12月に発足した超党派の「日本チベット国会議員連盟」（以下、議連）である。会長は自民党の下村博文氏、会長代行は民進党の渡辺周氏、幹事長が日本維新の会の馬場伸幸氏、事務局長は自民党の長尾敬氏である。議連には、自民、民進、維新、日本のこころから86名が登録している。

国会施設内でセンゲ首相が講演するのは民主党政権下の5年前に続いて2度目である。今回もセンゲ首相のメッセージは明快だった。中国による弾圧の実態を説明し、中国の蛮行に対して自由と人権を重視するまともな国々、とりわけ、日本のように歴史も深く、力のある国にどのように振る舞ってほしいかを、きちんと正面から訴えた立派な演説だった。

長尾氏は、「チベットと宗教の自由」という題を選んだときから、議連はセンゲ首相の発言内容を予測できていたと語ったが、その意味で、議連も立派である。

センゲ首相は、まず、チベットに関するアメリカの政策について語り始めた。

「アメリカ政府は1991年以来、チベットを公式に支援してきました。ホワイトハウスにダライ・ラマ法王猊下を招き、ひとつの中国政策を尊重する一方で、チベットの中道政策も高く評価してきました」

寺院の98%を破壊

アメリカでは歴代の大統領が必ず、ダライ・ラマ法王をホワイトハウスに招いてきた。オバマ大統領が、中国訪問を前にして法王との会談を避けたときには、大統領への手厳しい批判が各メディアで展開されたほどだ。アメリカはまた、予算の中に公然とチベット支援の項目を立て、種々の名目で1000万ドル(約11億円)を確保している。

ちなみにアメリカが賞賛するチベットの中道政策とは、チベットは自らを中国の一部と認め、外交や安全保障などを中国政府に任せる一方、中国政府は、チベット人がチベット仏教を守り、言語、文化、暮らし方など、チベット人らしく生きる権利を認めるべきだというものだ。

「私たちは真に高度な自治を求めています。アメリカと日本は手を携えて国際情勢に働きかける関係にあります。アメリカ政府同様、日本政府もひとつの中国政策の尊重と、チベットの中道政策への支援を両立させ得るのです。私はそれを望んでいます」

センゲ首相は、率直に日本の選良に語りかけた。日本は自由主義陣営の大国である。言論、宗教の自由、人権と民主主義を尊重することにおいて主導的役割を担ってほしいと。

首相は、チベットの歴史に、中国が落とした影を語った。

「チベットは帝国でした。中央アジア、南アジアにまで広がる大きな領土を支配しました。しかし、中国に占領され、抑圧され、経済的搾取、社会的差別、環境破壊に直面しています。文化的にも同化させられつつあります」

首相は、チベット人が非常に大切にしているラルンガル僧院の例を語った。

「中国は2016年9月、ラルンガル僧院を破壊し始めました。この僧院では1万2000人の僧侶と尼僧が暮らし、修行していました。中国政府は彼らを5000人に減らすべく、追放したのです。多くの僧や尼僧が追い出され、還俗させられ、拷問され、殺害されました。彼らは（17年2月の）現在も、治安部隊を送り込み住居や建物の破壊を進めています。破壊活動は今年9月まで続行と発表されています。中国は憲法で信教の自由を謳っていますが、憲法に違反してチベット仏教を破壊しているのはラルンガルの事例からも明らかです」

センゲ首相の指摘どおり、中華人民共和国憲法には少数民族の文化、宗教、言語の尊重は無論のこと、環境保護の条文さえ明記されている。すばらしい内容で、文言上は日本国憲法よりはるかに進んでいる。しかし、中国政府の政策は憲法の理想とはおよそ全ての面で正反対なのである。

首相が語る。

「ダライ・ラマ法王は日本を訪問することもできます。日本では幾度も、国会施設に招かれ講演する機会をいただきました。一方、チベット本土（中国のチベット自治区）では、法王の写真を所持しているだけで逮捕・投獄されかねないのです」

チベット弾圧政策は中国にとって何ら新しいことではない。「1959年のチベット占領から62年までに、中国はチベット寺院の98%を破壊し、99・9%の僧侶、尼僧を追放しました」と首相は語る。

チベットと共に走る

「弾圧は宗教だけにとどまりません。中国はチベットの文化、習慣も、伝統的な衣服の着用さえも禁止し、毛沢東らの着る詰め襟服の着用をチベット人に命じました。人が生きていく上で関わりのある全ての分野でチベット人らしさを削ぎ取ることを繰り返して、彼らは70年代までにチベット文明を完全に破壊したと考えました。幸いなことにダライ・ラマ法王の考えの下、チベット人は亡命先のインドで、レンガをひとつひとつ、石をひとつひとつ積み上げるように、チベット文化の再建を進めました。3大僧院も亡命先のダラムサラで再建できました」

中国共産党の弾圧にも拘《かかわ》らず、チベット人が忍耐強くチベット仏教を主軸とする価値観の再建に取り組んでこられたのは、第1にダライ・ラマ法王の存在がある。第2にセンゲ首相のように優秀な人材が法王の下に集い、心をひとつにしていることがある。第3にインドやアメリカのように、中国の意向に影響されずチベットを支え続ける国々が存在している。日本はその支援国の仲間にもっと本格的に加わり、積極的にチベットを助けていくのがよい。

センゲ首相は、高齢を迎えたダライ・ラマ法王の次のダライ・ラマを、中国共産党が指名しようとしていることについての懸念も表明した。無神論の中国共産党がチベット仏教の最高位の法王を指名するなど、噴飯物である。だが、中国はそこを制すればチベット人の背骨を砕き尽くすことができると信じているのだ。

チベット人がチベット人らしく生き続けることのできる世界の構築に向けて、他国に劣らぬ規模の政治的支援を行うべく日本は議連を立ち上げた。力強い支援の先に、チベット独立を望めるほどの可能性をも描き、そこまで共に走り、支え続けることができれば、日本の力で世界はどれほどよくなることか。私は大いに期待している。

（２０１７年３月２日号）


【追記】

２０１８年７月、ダライ・ラマ法王14世は83歳になる。意気盛んではあるが、健康上の問題がないわけではない。法王の健康は、チベット仏教とチベットの未来に直接、大きな影響を及ぼさずにはおかない。そうした中、中国共産党は17年10月に第19回党大会を開催し、習近平国家主席の事実上の終身制が確立された。習氏の専制独裁体制の下で、中国は宗教に関して、①中国化する、②社会主義化する、という条件で許容することになった。つまり、チベット人の望む真のチベット仏教の学びと実践は許されないということだ。

世界は明らかにいま、中国的価値観と私たち、つまり米国、西欧、多くのアジア諸国を含む民主主義と自由を尊ぶ国々の価値観がせめぎ合う時代に入っている。日本は米国と共にこの価値観の戦いに果敢に参加していかなくてはならないだろう。その意味で１００名に迫る数の国会議員が「日本チベット国会議員連盟」を結成し、チベットを守る姿勢を明らかにしていることは、日本国民として大いに誇りに思ってよいことだ。これほどの数の政治家がチベット支援でこのようにひとつの組織を形成しているのは、日本だけである。彼らを心底、誇りに思う理由である。

なぜ日本史から聖徳太子を消すのだ

聖徳太子は、その名を知らない日本人など、およそいないと言ってよいほどの日本国の偉人である。だが、文部科学省が２０１７年2月14日に発表した新学習指導要領案によれば、その名が生徒たちの教科書から消されることになりそうだ。

これは中学校の次期学習指導要領改正案に明記されていることなのだが、聖徳太子は新たに「厩戸王《うまやどのおう》」として教えられるそうだ。神道学者の高森明勅《あきのり》氏が「厩戸王」の事例をアマゾンの書籍検索で調べたところ皆無だった、ひとつも出てこなかったと書いている。皆が親しんできた名前を消して、ほとんど誰も知らず、アマゾンでも一例も出てこない名前に変えるとは、一体どういうことか。名は体を表す。聖徳太子という英雄を日本民族の記憶から消し去ろうとする愚かなことを考えたのは誰か。

周知のように聖徳太子は数え年20歳で叔母、推古天皇の摂政となった。現代風に言えば成人前後の年頃の青年が日本国を主導する総理大臣に就任したのである。その若さにも拘らず、英邁なる聖徳太子は責任をひとつひとつ立派に果たした。

神道の神々のおられるわが国に、異教の仏教を受け入れるか否かで半世紀も続いた争いに決着をつけ、受け入れを決定したのが聖徳太子である。キリスト教やイスラム教などの一神教の国ではおよそあり得ない寛容な決定である。

603年には「冠位十二階」を定めて、政治権力の世襲という従来の制度下にあっても、個人の能力や努力によって登用される道を開いた。これは後の世にも強い影響を与え、身分制度を超越した人材登用の精神につながった。

604年には「十七条憲法」を定めて、政治は民の幸福を願い、公正で透明な価値観に基づかなければならないという日本国統治の基本を作った。民を想う穏やかで慈悲心に支えられた統治の哲学は、同時代を生きた隋の皇帝・煬帝《ようだい》の、幾十万の民を奴隷のように酷使し死に至らしめた非情なる統治の対極にある。

価値観の源流

607年には「日出づる処の天子、書を日没する処の天子に致す、恙無《つつが》きや」という、あの余りにも有名な親書を小野妹子に持たせ、隋に派遣し、遂に隋と対等な関係を築いた。

以降、日本は中華文明に属することなく、日本独自の大和文明を育んだ。大和文明はその後、天武天皇に受け継がれ、聖武天皇によってより強固な日本統治の基本となった。いま、日本と中国の価値観はおよそ何から何まで正反対だ。私たちは、日本が日本であることに、もっといえば中華的価値とは全く異なる日本的価値に基づく社会で暮らせていることに感謝しているのではないか。その価値観の源流が聖徳太子なのである。

中国は軍事力、経済力で既存の国際法や世界秩序に挑戦し続けている。国際法を中国式に解釈し、覇権国の道を一直線に突き進もうとしている。国内においては政府批判を許さず、人々の自由を制限し、弾圧し、拷問も辞さない。国家統治における不法、不公正は基本的に放置したままだ。

この異形の大国、中国と、私たちはいま、価値観を軸に対峙しているのではないか。であればこそ、日本の子供たち、若い世代に日本文明の核を成す価値観を教えることが日本人として誇りを持って生きることとの基本になる。日本文明を理解し、その長所を心に刻み、相手に対する思いやりを育み、日本人としての自信を深めることが欠かせない。そのために聖徳太子は忘れてはならない人物である。

だが、文科省は、わが国の国柄を形成するのに計りしれない貢献をした聖徳太子の名を変えるというのである。理由は「聖徳太子」は没後に使われるようになった呼称で、歴史学では一般的に「厩戸王」と呼ぶ、従って「史実」を正しく教えるために変えるのだと説明する。ならば歴代天皇の呼称もすべて変えなければならない。聖徳太子だけ突然、変えるのはおかしい。そんなことをすれば子供たちだけでなく大人も社会も日本は大混乱だ。歴史を語りつぐこともできようはずがない。

自民党参議院議員の山田宏氏が指摘した。

「聖徳太子は日本が中国の属国にならない道を選び、慎みと思慮深さを基盤とした日本の国柄を育《はぐく》む第一歩を踏み出した人物です。そうした日本の徳を定着させた人物でもあります。だからこそ、日本人は聖徳太子に尊敬と親愛の情を抱き、お札にまでしたのです。日本人の誇りの源泉である太子の名を消し去るということは、その誇りを薄めていくことに狙いがあるのではないでしょうか」

文科省は伏魔殿だ

文科省の作った教育の枠組みの中で、長い年月、日本史は片隅に追いやられていた。2020年度以降、小、中、高と、学習指導要領が改訂されるが、高校の日本史は現在、選択科目にすぎない。必修科目は世界史だ。日本の子供たちは小学校6年生で初めて日本史を教えてもらう。それも1年間で45分の授業を48時限である。これではスカスカの歴史教育にならざるを得ない。スカスカ教育の上に、慰安婦や南京事件の例に典型的に見られるような、捏造され曲解された内容が跋扈していたのである。

アーノルド・トインビーは、自国の神話、即ち歴史を忘れる民族は滅びるという言葉を残しているが、日本では忘れる以前に満足に教えてもらえない時代が長く、今日まで続いているのである。こんな教育であってはならないだろう。

左派陣営に蹂躙されてきたこの反日教育が幾世代も続いた末に、安倍晋三氏が首相に、下村博文氏が文科大臣になって以後、ようやく少し改善されてきたと思っていた。だが、いままた、日本を貶める意図しか見えてこないような学習指導要領が、突如、提案された。文科省は伏魔殿である。根っからの反日組織と言われても仕方がないだろう。

山田氏が語った。

「文科省の官僚も問題です。加えて教科の内容に特定の人々の意見を反映させる仕組みがあります。文科省の下に国立教育政策研究所が、その下に教育課程研究センターがある。同センターには調査官がいて、社会と歴史について、各々、小学、中学担当の調査官が配置され、彼らの意見が反映されると見られています。どんな人物が配置されているのかも、調べる必要があるでしょう」

かつて元外交官でインド大使を務めた野田英二郎氏が教科書検定調査審議会委員となり、特定の教科書を排除すべく多数派工作をしたことがある。氏は、日本政府が北朝鮮のテポドンミサイル発射実験に抗議したことについて批判し、さらには北朝鮮の拉致疑惑を強調しすぎるとして、日本政府を非難した人物だ。このような偏った人物を受け入れる素地が文科省にはあるのだ。ひとまず、私たちは文科省に聖徳太子を厩戸王へと変えることについて抗議しようではないか。

（2017年3月9日号）

【追記】

同件についてパブリックコメントを募ったところ、文科省には多くの批判が寄せられた。関係者によると、パブリックコメントには通常、数十件のコメントしか寄せられないが、同件については約4000件が寄せられ、圧倒的多数が聖徳太子を削除するのに反対だったという。これでひとまず、聖徳太子の名前は教科書に残ることになった。

だが実は、問題はこれで終わるわけではない。背後に中学のみならず高校の歴史教育をどう進めるべきかという大問題があるからだ。

全国の高校、大学教員らが作る民間団体、「高大連携歴史教育研究会」（会長・油井《ゆい》大三郎東大名誉教授）は、歴史教育においては生徒や学生が記憶しなければならない用語が3500語と非常に多く、暗記が重視されている。そうではなく、歴史を通して思考力を育成することが大事だと主張する。暗記科目から思考力を高める科目への転換を目指すためにという理由で、彼らは歴史用語を現行教科書の約半分に削る案を発表した。その結果、高校の日本史や世界史の教科書から、当初、坂本龍馬や吉田松陰、高杉晋作などの維新を支えた英雄の名前が削られ、「従軍慰安婦」や「南京大虐殺」などの言葉が入れられた。

その他にも、社会の体制概念に関わる用語を教えるべきだと、高大連携歴史教育研究会の学者たちは主張し、以下のような用語が大事だと主張する。

天皇制、教育勅語、アジア・太平洋戦争、ファシズム、軍国主義、皇国史観、日中15年戦争、基地反対運動、ベトナム反戦運動、非正規労働者、格差社会等々である。

藤岡信勝氏が警告する。

「これらの用語を辿っていくだけで、どんな教育を目指しているかが明らかです。暗記する教育から考える教育へと、もっともらしい主張ですが、これは考える教育の正反対だという指摘があり、私もその通りだと思います」

彼らが選んだ右の概念用語に沿った歴史教育は明らかな反日教育になるだろう。そのような内容の報告が日教組の集会でなされているのではなく、いまや、文科省の教育政策に影響を与えようとしている。反日教育の総本山が文科省ということになりかねないことに、強い危機感を抱く。

いつでも米中は手を握れる

世界の大国である米中が共に不安定だ。指導者の言動は、双方共に信頼しにくい。ドナルド・トランプ大統領と習近平国家主席がどのような世界戦略を考えているのか。どう動くのか。日本にとって最重要の外交問題である米中関係の展望は依然として明確ではない。

理由のひとつがトランプ大統領の発言の好い加減さであろう。台湾問題で「なぜ『ひとつの中国』政策に縛られるのか」と言ったかと思えば、習主席との電話会談で、「『ひとつの中国』政策を尊重する」と豹変する。「NATOは時代遅れだ」と罵ったかと思えば、「ファシズムを退けた2つの世界戦争に勝ち抜き、共産主義を破った冷戦での絆がNATOの同盟だ」とほめちぎる。

最高指導者の言行不一致において中国はより際立っている。2017年1月17日、スイスで行われた世界経済フォーラム（ダボス会議）で自由貿易の重要性を習主席が説いたのは最高の冗談だった。習主席に経済改革の意思があるとは、いまやおよそ誰も思わないだろう。李克強首相に市場重視の大胆な改革策を提案させたのが2013年だった。しかし、現実には中国経済は以前よりずっと強い政治介入に支配されている。国有企業は縮小されることなく、中国共産党はより大胆に、公然と介入し、集中が強化され、民営化は遠のき続けている。改革開放志向の経済としてリコノミクスと呼ばれていたのが、いま、習主席にちなんでシーコノミクスと呼ばれ、統制色は濃くなる一方だ。

習主席は腐敗撲滅運動で庶民の支持を得たが、結局、撲滅された人々は、軍人、官僚、政治家を問わず、ほとんどが江沢民、胡錦濤両氏の取り巻きである。習氏の取り巻き、太子党は誰一人撲滅されておらず、政敵撲滅運動となっている。

国防費が1兆元を突破

このように米中首脳の言葉は、それぞれ異なる意味合いながら、信じ難い。そうした中で両氏が足並みを揃えているのが軍事予算の大幅増である。トランプ大統領は軍事費の10％増を表明、軍事力増強の象徴として現在の空母、実動10隻体制を12隻体制に強化すると発表した。

中国の南シナ海での蛮行を念頭に、トランプ大統領は原子力空母カール・ビンソンを中心とする第1空母打撃群を17年2月18日から南シナ海に展開、活動を開始させた。

一方、中国も3月5日に開幕した全国人民代表大会（全人代）で李首相が政府活動報告を行い、アメリカに対抗するかのように、中国の海洋権益を断固守ると表明、台湾に関しては独立に「断固反対し、食い止める」と演説した。前年の報告にはなかった「食い止める」という表現が加わり、より強い決意表明となった。

李首相は習主席を毛沢東に並ぶ別格の指導者として6回も「核心」と呼んで持ち上げた。習主席は独裁体制の確立に向かっているのである。これは李首相の経済改革の頓挫を意味するものと解してよい。中国はやがて自身の足下を危うくする経済減速に、より深く落ち込んでいくのを避けられないだろう。

経済の減速を反映してか、例年、全人代初日に発表される国防予算案は発表されなかった。それでも国防費が初めて1兆元（約16兆5０００億円）を突破するのは確実であろう。太平洋を挟む2つの大国は、いま、明確に、相互を敵と見立てて競い合い、顕著な軍拡に乗り出している。

太平洋の東にアメリカ、西に中国、わが国はその間に挟まれている。同盟国の軍拡は日本にとって、控えめに言っても心強い。１９８９年以来続く中国の軍拡に対抗するには日米同盟の強化しかないからである。

2月3日に来日し、日米同盟の重要性を強調し、１００％、日本と肩を並べて歩むと明言したジェームズ・マティス国防長官も、2月9〜13日に訪米した安倍首相に、通常戦力と核の双方で日本を守ると明言したトランプ大統領も、その意味で日本に大きな安心感を与えた。日本側は皆、喜んだ。

だが、国際関係は力のバランスや実利によって吹きすさぶ風のように変化する。とりわけ米中首脳の発する言葉には信を置けない。彼らはいつでも豹変するだろう。

そこで米中間の表の動きだけでなく、裏の動きにも注目しておきたい。たとえば、トランプ大統領の親族による対中接近の実態である。

2月1日、大統領が最も信頼していると言われる長女のイヴァンカ氏が5歳になる娘のアラベラちゃんを伴って中国の春節（旧正月）を祝うためにワシントンの中国大使館を訪れた。中国語を学んでいるアラベラちゃんは赤いドレスをまとい、中国語で歌い、中国大使以下こぞってアラベラちゃんを賞賛した。イヴァンカ氏は幼い娘のパフォーマンスを自身のツイッターに載せた。

米中関係に思いこみは禁物

これは単なるプライベートな社交を超えた外交である。トランプ大統領の了解と支持を得た堂々たる外交なのだ。このとき、政治の表に出ていた動きは何だったか。「中国は為替操作で通貨安に誘導している」というトランプ大統領の非難（1月31日）であり、『ひとつの中国』の見直し」（1月13日）だった。表の情報はトランプ大統領の厳しい中国政策を示唆しているが、裏の動きはその真逆で、中国に対する親愛の情が溢れているのではないか。

イヴァンカ氏の夫のジャレッド・クシュナー氏の行動にも注目すべきだ。トランプ氏が最も重用する人物と言われている氏は、いまや大統領上級顧問として義父に仕え、強大な権力を行使する立場にある。

氏については1月10日に「ニューヨーク・タイムズ」（NYT）紙が大型の取材記事を掲載した。NYTの取材にクシュナー氏は応じなかったそうだが、同紙はトランプ氏が大統領選挙で勝利をおさめた約1週間後に、クシュナー氏が中国人大富豪の呉小暉《ウーシャオホイ》氏と会食していたことを詳報した。

クシュナー氏は中国資本と深くつながっており、そのひとつが2850億ドル（31兆円余り）の資産を持つ「安邦保険」で、グループの会長が呉氏である。氏は鄧小平の孫娘と結婚しているとされる。安邦保険の創設は2004年、高利回りの保険商品の販売で急成長を遂げ、総資産2兆元（約34兆円）の金融集団を築いた。14年にはニューヨークの名門ホテル「ウォルドーフ・アストリア」を買収して一躍その名が知られるようになった。鄧小平の孫娘との婚姻から、革命世代の幹部の子弟である「紅二代」と、呉氏を見る向きもある。その紅二代の大富豪とクシュナー氏が近い関係にあることをＮＹＴが詳報したのである。

２０１７年1月に36歳になったばかりのクシュナー氏はハーバード大学を首席で卒業後、祖父の代からの不動産事業を引き継ぎ、この10年間で70億ドル（約７７００億円）の投資をしたが、その資金の多くを、呉氏らの中国資本が支えているとも報じられた。

米中関係の表と裏を合わせ鏡のようにして見て、ホワイトハウスの首席戦略官や通商代表部代表ら対中強硬派の人材と、クシュナー氏ら身内の親中派の混在を考えれば考えるほど、トランプ氏の対中政策は見えにくくなる。米中関係に一方的な思いこみを抱いてはならないと思う。

（２０１７年3月16日号）

【追記】

飛ぶ鳥を落とす勢いかと見られていた安邦保険集団会長の呉小暉氏が２０１８年2月23日、詐欺と横領の罪で上海市第一中級人民法院（地裁）に起訴された。その後、5月10日、懲役18年と個人資産１０５億元（約１８００億円）の没収が言い渡された。

呉氏の逮捕及び起訴は18年3月5日に開幕した全人代の直前に行われており、習近平国家主席が自分に対する批判勢力と見做して警戒している紅二代への牽制だとする見方がある。他方、高金利を謳ってカネを掻き集め、海外での巨額投資と買収を繰り返す金融集団が、中国資本の海外流出を加速させ、中国の金融システムを弱体化させることへの対策だとの見方もある。

トランプ大統領の女婿であるクシュナー氏のビジネスパートナーを失脚させる一方で、習政権はイヴァンカ氏のファッションブランドが申請していた商標を次々に登録させている。AP通信によると、18年5月27日までの3か月間で彼女のブランドは13件も商標登録を認められたという。トランプ氏は家族想いの人だという。トランプファミリーの中国との関係が米国の対中政策に及ぼす影響は小さくない。どんな手打ちがなされるのかも含めて、見ておくことが大事である。

なお、イヴァンカ氏は同年7月、自らの衣服・アクセサリーブランドの廃業を決定した。中国側には、同決定はトランプ大統領が本気で中国との貿易戦争を戦い抜く決意の表われだとする分析もある。

「テロ等準備罪」は国際常識、成立を急げ

「テロ等準備罪」について「朝日新聞」や「東京新聞」などが相変わらず全面否定の論陣を張っている。

テロ等準備罪を新設する組織犯罪処罰法の改正案は、日本が「国際組織犯罪防止条約」を締結するために必要な国内法である。

日本周辺の国際情勢の厳しさを見れば、なぜいま同条約を締結しなければならないのかがわかるはずだ。いや増す北朝鮮の脅威、予想を超える早さで不安定化し、左傾化する韓国情勢などは、常識で考えれば国家の一大事である。こうした中、2020年の東京五輪に向けて、日本を狙ったテロや犯罪が国内外で発生する危険は高まり続けると考えなければならない。テロや犯罪防止に最も必要なのはなんといっても情報である。情報は、国際社会との協力の中で信頼できる国との間でのみスムーズに交換される。

こうした事情から、各国は相互に協力し合ってきた。その枠組みが国際組織犯罪防止条約である。国連加盟国の約95％、187か国・地域が締結しており、未締結国は日本を含めて11か国だ。政府は同法案を17年3月21日に閣議決定し、6月中にも成立させたい方針だが、国会は森友学

園問題などに日程を取られ、議論が進んでいない。

「朝日」をはじめとするメディアは法案の趣旨を歪曲して報道し続ける。同紙は3月22日、朝刊1面トップで「『共謀罪』全面対決へ」との見出しを掲げた。政府提案の「テロ等準備罪」という名称さえ、「必要に応じて使用」はするが、「犯罪を計画段階で処罰する『共謀罪』の趣旨が盛り込まれて」いるために、「共謀罪」と呼び続けると宣言した。

同紙は「内心の自由　踏み込む危険」という小見出しも掲げたが、もし、今回の法案に個々の人間の内心の自由を抑圧する内容が本当に盛り込まれているのであれば、私とて許容はしない。だが、法案をきちんと読めば、その懸念は払拭される。

11年前の06年、自民党と公明党が、「共謀罪」を国会に提案したとき、私は衆議院法務委員会で参考人として意見を述べた。当時は、現在、朝日が報じているような懸念が、実はあった。従って私は率直に法案に対して抱いていた危惧について語った。

明確な歯止め

私の発言は主として2点に絞り込める。①共謀罪は必要である、②ただし、個々人の心の中にまで入り込んで規制し、言論の自由や思想信条の自由を阻害する余地のないように、目に見える歯止め、外形的要件を定めるべきである。そのために与党は民主党（現民進党）の修正案を受け入れるのがよい。

私はこのように述べたのだが、その当時、民主党は立派な修正案を出していた。朝日も民主党と同じような主張をしていた。

改めて当時の私の発言を、議事録を取り寄せて読んでみた。逮捕や強制捜査が無闇に行われ、内心の自由が脅かされる危険性を、私はとても気にしている。言論人として、そうしたことは受け入れ難いと強調し、捜査や逮捕に至る外形的要件を定めるよう、求めている。その気持ちは今でも全く同じである。

興味深いことに、私も朝日も、さらに民主党も、11年前は捜査権や逮捕権の暴走に歯止めをかけよと同じように主張していたことになる。

ただし、私と、朝日及び民主党の間には、共謀罪が日本にとって必要か否かという点において、決定的な違いがある。私は必要だと、当時も今も考えている。現に11年前の議事録では、共謀罪は必要だということを、私は計6回も繰り返している。

さて、11年後の今、政府が提出したテロ等準備罪新設法案は、当時の共謀罪とは大きく異なる。最大の違いは、11年前には「重大な犯罪を行おうと具体的に合意したこと」を罪に問えた。ところが今回は、「合意に加えて実行準備行為があること」が、処罰の要件とされた。私が要望し、朝日も求めていた明確な歯止めが施されたのだ。民主党の要求も容れられたのである。朝日が言う「内心の自由」だけでは処罰されない内容になっているのだ。こうしてみると、今の政府案は以前と全く変わっていないとの朝日の主張が明確な間違いであることがはっきりする。

前回は処罰の対象となる犯罪数は615だったが、今回は277に絞り込まれた。インターネット配信の「言論テレビ」で3月31日、自民党参院議員の佐藤正久氏が語った。

「共謀罪の対象となるのは死刑または4年以上の懲役、禁錮の罪に相当する犯罪です。その基準で全てを洗い出して数えたら676もあった。けれどその中には公職選挙法違反なども含まれていた。これは全く組織犯罪には当たらない。それで、組織的犯罪集団が関係しそうな麻薬やマネーロンダリングなどに関わる犯罪に絞り込んで、２７７になりました。労働組合などは捜査対象組織とはならないことが、以前より、ずっとはっきりしました」

現行法では無理

それでも、朝日も民進党も納得しない。政府が目指すような犯罪行為の摘発は現在、日本にある種々の犯罪取締法で十分取り締まれると主張する。本当にそうか。佐藤氏は、現行法では無理だと断言する。

「私がテロリスト集団の一員だと仮定します。仲間が刑務所にぶち込まれた。救い出したい。そこで一般人を人質に取って、刑務所の仲間と交換しようと考えた。今の法律では、テロリストたちがそんな計画を立てても、手を出せない。彼らが人質を取るために武器を購入しても捕まえられない。武器を携行して狙った人のいる家の近くまで行っても逮捕できないのです。なぜって、まだ犯行に及んでいませんから」

日本国の法律では、犯人たちが武器を持って狙った家に侵入した段階ではじめて、逮捕できるというのだ。しかしそれでは遅すぎる。人質を救うこと自体、どれだけ大変なことか。犠牲者が出る危険性も十分にある。だが日本の法律は、基本的に犯行後に対する処罰であり、それでは本来守れるものも守れない。

佐藤氏は別の事例を語った。

「テロリストが水源に毒を入れて多くの人を殺害し、社会に混乱を起こそうと計画したと仮定します。現行法では計画を立てても、毒を購入しても逮捕できません。毒を持って水源地に行っても何もできません。現行法で逮捕できるのは、彼らが水源に毒を投げ入れた瞬間なのです」

水源はどうなるのか。現行法で逮捕できるのは、彼らが水源に毒を投げ入れた瞬間なのです」

事件が起きるまで取り締まれない現行法で万全なはずはないだろう。

「テロ等準備罪の下では、犯人たちが人質を取るための武器を買ったり、水源地を汚染する毒を入手した段階で逮捕、取り調べができるようになります。テロ等準備罪が現行法の重大な穴をふさぐ機能を果たすのです」と、佐藤氏。

95％の国々が結んでいる条約を日本が締結すること、そのための法整備を進めることが、なぜ、受け入れられないのか。朝日も民進党も反対のための反対はやめるべきだ。

（2017年4月13日号）

第2章　激動する世界情勢を注視せよ

北朝鮮に通じるか、トランプの手法

2017年4月6、7の両日、フロリダで米中首脳会談が開かれた。米中関係はどこまで進展したのか。そのことについてヒントになる事例が目についた。マイク・ペンス米副大統領のソウル訪問に合わせて、4月16日、ホワイトハウスが同行記者団に行ったブリーフィングである。

ホワイトハウス高官は、これまでアメリカが急いできた韓国への高高度迎撃ミサイルシステム(THAAD)の配備及び運用開始の時期について、作業を急がないと語ったという。「まだいくつか必要な作業があり、韓国の新大統領が決まるまで流動的だ」「配備は次期大統領が決定すべきで、5月前半が適当だ」などと発言したと報じられた。

これまでは、次期大統領が選ばれる前に、何としてでもTHAAD配備を完了し、運用を開始して、実績を作りたいとしてきたアメリカが、なぜいま、このように変化したのか。北朝鮮のミサイル発射や核実験の危険性は少しもなくなっていない。

中国問題に関して一目も二目も置かれている産経新聞外信部次長、矢板明夫氏は、北朝鮮問題で中国の協力を要請したアメリカが、中国の前向きな反応を得て、彼らに配慮した可能性を指摘する。アメリカは今も昔も中国は北朝鮮抑止に力を発揮できると考えている。他方、習近平氏は国内政治における基盤を固めたい今、アメリカの協力を必要とし、対立関係に陥ることを最大限回避している。合意の下地は十分にあるということだ。

習氏がどれだけアメリカとの対立を回避したかったかは、4月12日に行われた国連安全保障理事会で、シリアのサリンガス攻撃についての調査に関する決議案の採決を、中国が棄権したことにも見てとれる。ロシアは拒否権を行使してアサド大統領を守った。中国もこれまで6回、ロシアと共に拒否権を行使してきたが、今回は棄権にまわった。トランプ大統領は決議案採決を前に電話会談で習氏に協力を依頼したと語っている。中国はロシアと距離をおき、アメリカに接近したのだ。

20世紀の個人崇拝

「過去6回もシリアのために拒否権を行使して、アメリカに反対した中国が、今回、アメリカに従ったことが明確になりました」と矢板氏。

氏はさらに説明した。

「米中首脳会談を、どうしても成功させなければならない立場に、習氏はありました。8月には最も重要な北戴河会議が、秋には党大会があります。それが終わるまで、アメリカには問題を起こしてほしくない。そのためにはトランプ氏とよい関係を構築しなければならない。これが習氏が訪米した背景です」

習氏はいま党組織改革を目論んでおり、8月に河北省の避暑地、北戴河で開かれる中国共産党長老会議で了承を得なければならない。習氏は16年秋、自身を毛沢東に匹敵する党の「核心」として位置づけた。今回の組織改革では、政治局常務委員会を無力化し、党主席、つまり習氏一人に権力を集中させる「中央委員会主席」という役職を新設すると報じられている。

21世紀の中国を20世紀の個人崇拝の時代に引き戻すと懸念されている組織改革には、まず長老たちの間に強い反対の声がある。長老の反対論を抑え、党大会の了承を得るために、習氏は全ての問題を巧く取り仕切らなければならない。

韓国へのＴＨＡＡＤ配備には、中国全体がとりわけ敏感になっている。国をあげて韓国製品の不買運動を展開している最中である。旅行者も制限して韓国を締め上げ、配備を止めさせようとしているのが中国だ。

そうした習氏の思惑や中国の事情をトランプ氏が取り引きの材料に使ったのか。

習氏が目指した訪米の目的が、党大会まで、アメリカに大人しくしていてもらうことだったのであれば、ＴＨＡＡＤ配備の先延ばしは明確な成果であろう。しかし、夏、或いは秋まで延ばすことは、北朝鮮のミサイル迎撃という観点からは考えにくい。となると、アメリカ側は中国の北朝鮮対策を見ながら、配備のタイミングを調整する可能性もある。

このように推測する理由に、トランプ氏の対中国発言が首脳会談後、大いに和らいでいることがある。4月13日、「ウォール・ストリート・ジャーナル」（ＷＳＪ）紙は氏の単独インタビューに基づく複数の記事とコラムを掲載した。「トランプと習、緊張転じて合性よし」というコラムにはトランプ氏のこんな発言がある。

「我々の合性は抜群だ。私は彼がとても好きだ。彼の妻もすばらしい」

トランプ氏はさらに語っている。

「冒頭の初顔合わせは10分か15分の予定だった。それが、3時間も話し込んだ」「翌日、また10分のところが2時間も会話した。本当に気が合うんだ」

北朝鮮への支援

中国や習氏に対するこの熱く高い評価は、暫く前の敵対的発言とは正反対だ。WSJは、トランプ氏が次々に政策を反転させていることを、懸念を含めて指摘しているが、プーチン氏への評価は負の方向に大逆転させた。

70分間のインタビューでトランプ氏は、メディアは自分とプーチン大統領との関係をあたかもとても親しいように書きたてるが、「私はプーチンのことなど知らない」と素っ気なく繰り返している。

トランプ氏はかつて為替操作国だとなじった中国に、もはやそのようなレッテルは貼らないと変化した。アメリカの輸出入銀行は不要だと切り捨てていたのを、中小企業支援のためにこれからも必要であり支えるとした。NATOは無用だと悪口雑言だったのが、いまは非常に重要な同盟だと評価する。なぜ変わるのかと質問されて、トランプ氏は答えた。

「全ての事案の重要性はとてつもなく大きく、全ての決定がとてつもなく大きい。わかってるだろ、生か死かの問題なんだ。うまくディールできるかどうかの話ではないんだ」

筋の通った説明とはとても言えないが、これが世界最強の米国の大統領の思考である。トランプ氏は、中国は簡単に北朝鮮問題を解決できると考えていたが、習氏の説明を聞いて「最初の10分間で、それほど容易なことではないとわかった」と語っている。それでも恐らく中国は約束したのではないか。トランプ氏は中国が直ちに北朝鮮をコントロールできなくとも、暫く待つ姿勢を示しているのではないか。もしそうなら、それはうまく行かないと、矢板氏は見る。

「中朝関係は制裁では動かない。経済的に締め上げてもダメ。お金を与えれば別ですが」

中国はこのことをよく知っている。アメリカが要求するように北朝鮮への支援を止めれば、そこにロシアが介入して、北朝鮮をロシア陣営に引き込む。従って中国は支援を止められない。北朝鮮抑止を中国に任せること自体、何度も失敗してきた。そのことをトランプ政権は、いまから学ぼうとしているのか。

（2017年4月27日号）

若い世代へ贈る、「海道東征」と「海ゆかば」

２０１７年４月19日、池袋の東京芸術劇場で、関東では戦後初めて、「海道東征《かいどうとうせい》」が歌われた。大阪では「産経新聞」の主催でこれまでに2度、演奏されているが、残念ながら私は聴く機会がなかった。

今回も主催は産経である。東京公演だというので早速申し込んで驚いた。２０００席分の切符が完売だそうだ。そんなに多くのファンがいるのか。私は張り切って、私より一世代若い女性たちにも声を掛けた。

「海道東征」は、日本建国の神話を交声曲で描いた名曲である。昭和15年に「皇紀２６００年奉祝行事」のために書かれた。詩は北原白秋、曲は信時潔《のぶとき》である。当時の、否、今も、日本の超一流の詩人であり作曲家である。

「海道東征」は民族生成の美しくも気宇壮大な歌でありながら、昭和20年の敗戦で、軍国主義などに結びつけられて長年葬り去られていた。作品は、戦後全くと言ってよいほど、世に出ることがなかったのであるから、私もそうだが、声を掛けた70年代、80年代生まれの若い人たちが「海道東征」について知らないのも当然である。なんといっても、米軍の占領が終わって独立を回復してから、日本では、社会でも学校でも家庭でも、わが国の歴史や神話、民族の成り立ちなど、ほとんど教えてこなかったのだから。

コンサートは、結論から言えば、本当にすばらしかった。時折り、感動して涙が出そうになった。堪能した。

プログラムの前半で大栗裕作曲「管弦楽のための『神話』～天の岩屋戸の物語による～」が演奏された。

天照大御神が天岩屋戸の中にお隠れになり、世界が闇に閉ざされてしまう。ちなみに古事記にはこのとき、天上も地上も共に闇に包まれたと書かれている。天照大御神は両方の世界を照らしておられるのだ。神々は大いに困り、何とか天照にお出になっていただきたいと工夫を凝らす。ここでナガナキドリが一声、高く大きく鳴くのである。それをトランペットが巧みに表現していた。

日本の始まり

伊勢神宮の20年毎のご遷宮では、古いお社から新しいお社に神様がお移りになるとき、まず、鳥が一声、鳴く。ご遷宮ではその場面は「カケコー」と声を発することで表現されるが、コンサートでは、トランペットだった。神様と鳥はご縁が深いのである。

さて、鳥の声を合図に神々が肌も露わに踊り始め、賑やかな宴が始まる。岩の向こう側から楽しげな笑いさざめく声が聞こえる。岩屋戸の中にお隠れだった天照大御神は何事かと好奇心をそそられ、思わず、ちょっとだけ岩屋戸を押し開け、覗いてしまうのだ。

その瞬間に、力持ちの神、天手力男神《あめのたぢからおのかみ》が岩の隙間に手を差し込んで天照大御神が戻らないように腕をとり、もう一度、お出ましを願う。すると陽光は戻り、天上も地上も、世の中は再び明るくなる。天照は機嫌をなおし、心優しい日本の神々と共に、この大和の国を再びお見守りになるのだが、演奏にはこの場面でボンゴなどが使われていた。

天照大御神が戻って下さったうれしさに神様たちが喜んで歌い踊る場面が、絵になって浮かんでくるような楽しい演奏だった。

そして第2部が、いよいよ、「海道東征」である。神々がおわす天上の国、高天原《たかまがはら》から、天照大御神の孫の神様、瓊瓊杵尊《ににぎのみこと》が日向の国の高千穂の峰に降臨なさった。

北原白秋はこの日本の始まりを「海道東征」の第1章とし、「高千穂」と題した。格調高く、バリトンの原田圭氏が、瓊瓊杵尊の高千穂の峰への降臨を歌い上げた。

第2章は「大和思慕」である。

「大和は国のまほろば、
　たたなづく青垣山。
　東《ひんがし》や国の中央《もなか》、
　とりよろふ青垣山」

その旋律に心が引き込まれる。

第3章は「御船出」である。瓊瓊杵尊から数えて3代目、4人の皇子が日向を発って大和平定の旅に出た場面である。

「日はのぼる、旗雲《はたぐも》の豊《とよ》の茜《あかね》に、

いざ御船《みふねい》出でませや、
うまし美々津《みみつ》を」

光の中に船出する皇子たちの姿が目に浮かぶ。東へ向かう途中で荒ぶる神々との戦いがあり、嵐があり、4人の皇子の3人までもが命を落とす。末っ子の神倭伊波礼毘古命《かむやまといわれびこのみこと》が大和に到達し、東征の事業を成し遂げる。この神様が日本国の初代天皇、神武天皇になられたのである。

こうして「海道東征」は第8章まで続く。時に美しく、時に力強く、清く澄みきった喜びに満ちた交声曲である。「海道東征」について何も知らなかった若い女性たちも、楽しんでいた。彼女たちはきっと、これから日本の神話や歴史に、また新たな角度から興味を抱くのではないかと、私はうれしく感じたことだ。

先人たちの言葉

そして最後にアンコール曲として「海ゆかば」が演奏された。大伴家持の詩に信時が曲をつけた。このとき、誰ともなく皆が立ち上がった。そして声を合わせての大合唱となった。私の隣りの方は朗々と歌っていた。

「海ゆかば　水漬《みづ》く屍《かばね》
山ゆかば　草むす屍
大君の辺《へ》にこそ死なめ
かえりみはせじ」

戦後の日本の教育では、日本のよいところはほとんど教えず、その結果、教育勅語は、国民を天皇のために死なせる教育を示したものだという的外れな批判さえ生まれている。「海ゆかば」の詩に、スンナリ入っていけない人も多いかもしれない。『「海ゆかば」の昭和』（新保祐司編、イプシロン出版企画）で、山折哲雄氏が「「屍」とは何か。」と題して書いている。

掻い摘まんで言えば、万葉集の挽歌《ばんか》でわかるように、死者の屍とは「たんなる魂の抜け殻」だというのだ。人はひとたび死ねば、その魂は亡骸から離脱し、山の頂や海の彼方、空行く魂となって、この国の行方を静かに見守ってくれる。あとに残された屍には何の執着も見せない。それがかつての日本人の、人の最期をみとるときの愛情であり、たしなみであった、と。

同書で谷川俊太郎氏は「子どもの私はそれまでも音楽がきらいではなかったが、音楽にほんとうにこころとからだを揺さぶられたのは、『海ゆかば』が最初だった」「私が愛聴したのが北原白秋詩・信時潔曲の『海道東征』だ」と書いた。

私の友人でもあった松本健一氏は、同書で、演出家で作家の久世光彦《てるひこ》氏の文章を紹介している。『「海ゆかば」』を目をつむって聴いてみるといい。これを聴いていったい誰が好戦的な気持ちになるだろう。……私は『海ゆかば』の彼方に日本の山河を見る。……美しい私たちの山河を護るために、死んでいった従兄たちの面影を見る」

松本氏も、久世氏も、亡くなってしまった。けれど、彼らの言葉はどれもみんな、私の心に沁みる。コンサートホール一杯に広がった「海ゆかば」の合唱に、静かに感動した。

若い女性の友人たちは、「海ゆかば」にとっつきにくいようだった。だからこうした先人たちの言葉を、私は彼女たちにそっと捧げてみたい。

（２０１７年５月４日・11日号）

吉田清治氏長男、父親の謝罪碑書き換え

2017年5月19日、インターネット配信「言論テレビ」の番組「言論さくら組」でジャーナリストの大高未貴さんがスクープを報じた。

「言論さくら組」は同年2月に発足した物言う若手女性たちの一団が出演する番組である。私自身は若くないが、頼もしく勇気のある女性、世の中の不条理に疑問を感じ、そのことについて思い込みで判断するのではなく、まず取材して新事実を掘り起こし、それを世の中に提示する意欲と能力のある女性、そして人間として魅力的だと私が思った女性《ひと》たち8人を集めた。歴史問題をひとつの大きな柱とし、毎月、できれば特ダネで、そうでなければ独自ネタで問題提起したいと願っている。そのメンバーの一人が大高さんである。

彼女はこれまでに100か国以上を駆け巡って取材してきた。彼女が今回取り上げたのは、自分は慰安婦を強制連行した加害者だと名乗り出て、今日の慰安婦強制連行説を生み出す原因となった職業的詐話師、故吉田清治氏の長男である。

長男は、後述する決意をもとに、父親が韓国の忠清南道天安市の「望郷の丘」に建てた「謝罪碑」の文言を17年3月に書き換えた。吉田氏の元々の碑には「日本の侵略戦争のために徴用され

強制連行され」「貴い命を奪われ」た朝鮮の人々に、「徴用と強制連行を実行指揮した日本人」として「潔く反省して」「謝罪」すると刻まれていた。氏は同碑を「元労務報國會徴用隊長」の肩書きで建てた。

氏は同碑建立の式典で、韓国の人々に土下座し、「朝日新聞」はそれを1983年12月24日、「たった一人の謝罪」として報じた。

大高さんの説明だ。

「この記事も含めて朝日は吉田清治氏を大きく取り上げ、強制連行をはじめとする慰安婦問題にまつわる虚偽を国の内外に広げました。旧日本軍が慰安婦を強制連行したというのは虚偽だと、90年代から指摘されていたにも拘らず、放置され続け、ようやく朝日が吉田証言を取り消したのは14年8月でした。長男は、父は日本軍人として勤務した経験もなく、労務報国会徴用隊長の職位も全て虚偽だったと明言しています。慰安婦問題の元凶は父が作ったけれど、その嘘は決して一人で書いたものではない。何人もの協力者、振付師、演出家がいて、そのひとつが朝日新聞だと考えています。朝日が父親の嘘を勝手に盛り上げて、梯子を外して、『はい、取り消しました。これで終わり』。それはないだろうというのが長男の気持ちです」

父親の嘘

大高さんはさらに強調する。

「長男は言うのです。朝日が取り消しても、父親が韓国に建てた石碑は朽ち果てることなく、後世まで残る。こんなことは許せない。韓国の方にも失礼、日本人にも失礼。だから自分は日本人として最後までしっかりと責任を持って後始末したいと」

長男は、可能ならクレーン車で碑を撤去したいと願った。それが難しいとわかった時点で碑の文言の書き換えを決心し、沖縄県に住む元自衛官、奥茂治氏を代理人として望郷の丘に派遣し、先の謝罪碑を「慰霊碑」とし、「吉田雄兎　日本国　福岡」と極めて簡潔な内容にした。雄兎とは吉田氏の本名である。

奥氏が相談を受けたときのことを振りかえった。

「あの碑は清治氏が自費で建立したそうです。であるなら、父親の嘘の碑を消し去る責任も権利も、長男である自分にあるというのです。日韓の摩擦の原因である慰安婦問題の偽りを正したいとの願いは、日韓両国を大事に思う心でもあります。私は日本人として応えるべきだと思いました。断る理由はありませんでした」

奥氏は新しい文言を刻んだ重い大理石の石板を望郷の丘に運び、一人で古い碑の上に、絶対に剝《は》がれない接着剤で貼りつけた。その行動の詳細は大高さんの新著『父の謝罪碑を撤去します』（産経新聞出版）に譲りたい。

大高さんの取材は産経新聞出版の瀬尾友子さんの尽力で単行本として出版される。瀬尾さんも「言論さくら組」で語った。

「長男は『吉田家最後の人間』という言葉を繰り返しました。自分が父親の間違いを正さなければ、大理石上の嘘はいつまでも残る。だからいま、消し去ると言うのです」

産経新聞官邸サブキャップの田北真樹子さんが強調した。

「長男がこういう風に書き換えたことに、よくぞやって下さったと感謝します。韓国のメディアは、吉田氏の長男の意思と決断に、衝撃を受けているようです」

儒教では父親の権威は絶大である。伝統的に儒教の影響が強い韓国人にとって、長男が公然と父親の言動を嘘だと宣言し、父親の嘘から始まった慰安婦問題を否定したことは、相当なショックのようだ。韓国メディアがあまり報じないのは、報道すれば、吉田清治氏が本当に嘘つきだったことが韓国国民に周知徹底されるからか。氏の嘘を報じた「朝日」の記事取り消しもより広く伝わり、吉田・朝日の虚偽に依拠する韓国の挺身隊問題対策協議会（挺対協）をはじめとする運動体の人々の反日の根拠も揺らぎかねない。

「朝日」も酷い

「韓国側は騒ぎたくないのではないですか。自分たちの反日に跳ねかえってきますから。挺対協をはじめ、彼らの最終目的は反日問題を終わらせないこと。従って、次には徴用工問題を提起するでしょう。未来永劫、日本政府に謝罪させ、企業から償い金を受け取り、基金を創設して反日を続けることを考えているのです」と、大高さんは指摘する。

韓国も事実を見ようとしないが、「朝日」も酷い。17年５月22日現在、朝日はこの件を全く報じていない。吉田氏の長男も語ったように、朝日が吉田氏の嘘を内外に拡散したのである。朝日の責任も問うている長男の行動に、当の朝日は見て見ぬ振りか。とすれば、これ以上の無責任はない。

番組の最後で、元衆議院議員の杉田水脈《みお》さんが報告したことも驚きだった。フランスの大統領選挙の取材中、パリで目にとまったのが「ＺＯＯＭ　ＪＡＰＯＮ」というフリー雑誌だった。高倉健さんの「鉄道員《ぽっぽや》」の紹介など文化的な記事と一緒に、沖縄の基地反対運動が特集されているのだ。その記事の中では日本中から多くの国民が沖縄に集まり、基地は要らないと運動していると報じている。この特集記事で大きく取り上げられているのが上智大学教授の中野晃一氏である。氏を取材して書かれた記事には、日本会議批判がなされ、続いて稲田朋美防衛大臣に言及し、日本では女性は二級市民で、安倍晋三首相もそう考えている、女性蔑視を覆い隠すために、閣僚に女性を登用しているのだなどと書いている。

中野氏の言説にどれだけの人が同意するというのか。大いに疑問だが、この酷い内容の雑誌は広告費で成り立っている。そこで驚いたことがもうひとつ、あった。雑誌に一番大きな広告を載せているのが、NHKワールドなのである。詳しくは「言論さくら組」を検索して御覧いただきたいが、こんなフリー雑誌に視聴者から強制的に徴収する受信料を充ててよいわけはないだろう。

（2017年6月1日号）

【追記】

杉田水脈さんは2017年10月の衆議院議員選挙で晴れて当選した。18年6月に自民党山口県連の所属が決まり、比例第2支部長となった。県連に所属しなければ支部長にもなれず、政党助成金も受け取れない。党員集めもできない。杉田さんは当選から約8か月間、政党助成金なしで、活動費用を工面してきた。これからは自民党の一員として、以前よりもっと活躍することだろう。

米国防総省の報告に見る中国の脅威

米国防総省が２０１７年６月６日、「中国の軍事情勢」に関する年次報告書を発表した。海洋、宇宙、核、サイバー空間の４分野を軍事戦略の要として、中国が世界最強の国を目指して歩み続ける姿を描き、警告を発している。

報告書は、中国の目標が米国優位の現状を打ち砕くことだと分析し、そのために中国は、サイバー攻撃によって、軍事技術をはじめ自国で必要とする広範な技術の窃取を行い、知的財産盗取を目的とする外国企業への投資や、中国人による民間企業での技術の盗み取りなどを続けていると、驚くほど率直に告発している。

この件に関して興味深い統計がある。中国政府は長年、経済発展を支えるイノベーション重視政策を掲げてきた。２００１年から複数回の５か年計画を策定し、研究開発費をＧＤＰ比で20年までに２・５％に引き上げようとしてきた。だが、目標は一度も達成されていない。理由は、彼らが必要な知的財産を常に他国から盗み取ることで目的を達成してきたために、自ら研究開発する風土がないからだとされている。

ただ、どのような手段で技術を入手したかは別にして、中国が尋常ならざる戦力を構築しているのは明らかだ。中国はすでに宇宙軍を創設している。米国家情報長官のダニエル・コーツ氏は17年5月、「世界の脅威評価」で、ロシアと中国はアメリカの衛星を標的とする兵器システムの構築を宇宙戦争時代の重要戦略とするだろうと報告している。

15年末に、中国は「戦略支援部隊」を創設したが、それはサイバー空間と宇宙とにおける中国の軍事的優位を勝ち取るための部隊だと分析されている。

国防総省の報告書は、中国を宇宙全体の支配者へと押し上げかねない「量子衛星」の打ち上げに関しても言及しているのだ。

大中華帝国の創造

16年、中国は宇宙ロケットを22回打ち上げ、21回成功した。そのひとつが世界初の量子科学実験衛星の打ち上げだった。量子通信は盗聴や暗号の解読がほぼ困難な、極めて高い安全性が保証される通信である。「仮に通信傍受を試みたり、通信内容を書き換えようとすると、通信内容自体が〝崩壊〟する。理論的にハッキングはまず不可能」(産経ニュース16年9月3日)だと解説されている。

量子衛星打ち上げが成功すれば、地球を包み込んでいる広大な宇宙を舞台にした交信では、どの国も中国の通信を傍受できないことになる。その打ち上げに兎も角も中国は成功したというのである。

中国は07年に地上発射のミサイルで高度860㌔の自国の古い気象衛星を破壊してみせた。攻撃能力を世界に知らしめたのだ。衛星破壊をはじめとする中国の攻撃の狙いは、「敵の目と耳を利かなくする」こと。違法なハッキングで世界中の技術を盗んできた中国が、選《よ》りに選って絶対にハッキングされない技術を持てば、彼らが世界を支配するという危険な状況が現実となる。

中国は現在、独自の宇宙ステーションを構築中だが、18年には主要なモジュールの打ち上げが続く見込みだ。東京五輪の2年後には、彼らは自分たちだけの宇宙ステーションを完成させたいとしている。さらに、彼らは月に基地をつくる計画で、月基地の完成は27年頃と発表されている。習近平氏の「中国の夢」は、21世紀の中華思想の確立であり、宇宙にまで版図を広げる大中華帝国の創造である。

中国の遠大な野望の第一歩は、台湾の併合である。その台湾に、国防総省報告は多くの頁を割いた。「台湾有事のための戦力近代化」(Force Modernization for a Taiwan Contingency) という章題自体が、十分注目に値する強いタイトルだ。付録として中国と台湾の戦力比較が3頁も続いている。

台湾と中国の軍事力は比較にならない。中国の優位は明らかであり、将来も楽観できない。たとえば現在、台湾は21万5000人規模の軍隊を有するが、2年後には全員志願兵からなる17万5000人規模の軍隊を目指している。しかし、この縮小した規模でさえも志願兵不足で達成できないだろうと見られている。他方、中国は台湾海峡だけで19万人の軍を配備しており、人民解放軍全体で見れば230万人の大軍隊である。

台湾、南シナ海、そして東シナ海を念頭に、中国は非軍事分野での戦力、具体的にはコーストガード(海警局)や海上民兵隊の増強にも力を入れてきた。

10年以降、中国のコーストガードは1000トン以上の大型船を60隻から130隻に増やした。

新造船はすべて大型化し、1万トンを優に超える船が少なくとも10隻ある。大型船はヘリ搭載機能、高圧放水銃、30ミリから76ミリ砲を備えており、軍艦並みの機能を有し、長期間の海上展開にも耐えられる。

ちなみに1000トン以上の大型船を130隻も持つコーストガードは世界で中国だけだと、国防総省報告は指摘する。海警局は、もはや海軍そのものだ。

ローテクの海上民兵隊

海警局とは別に海上民兵隊も能力と規模の強化・拡大を続けている。事態を戦争にまで悪化させずに、軍隊と同じ効果を発揮して、海や島を奪うのが海上民兵隊である。

彼らは人民解放軍海軍と一体化して、ベトナムやフィリピンを恫喝する。16年夏には日本の尖閣諸島周辺にまで押し寄せた。国防総省報告は、この海上民兵隊に重要な変化が表れていることを指摘する。かつて海上民兵隊は漁民や船会社から船を賃借していた。それがいま、南シナ海に面する海南省が、84隻にも上る大型船を海上民兵隊用として発注した。独自の船を大量に建造しているのだ。

海上民兵隊は南シナ海を越えて尖閣諸島や東シナ海、さらには小笠原諸島、太平洋海域にも侵出してくる。

宇宙軍と量子衛星、そして海上民兵隊。ハイテク戦力とローテク戦力を併せ持つ中国が世界を睥睨《へいげい》しているのである。サイバー時代においては、先に攻撃する側が100％勝利を収める。その時代に、専守防衛では日本は自国を守れないであろう。

日米同盟はいまや、責任分担論が強調される。アメリカはかつてのアメリカとは異なる。国家基本問題研究所の太田文雄氏が問うた。

「仮にアメリカのトランプ政権が、〃ハイテクの宇宙・サイバー空間における脅威はアメリカが対処する。そこで責任分担で、ローテクの海上民兵隊には日本が対応してほしい〃と言ってきたら、わが国はどうするのでしょうか」

日本を守る力は結局、日本が持っていなければ、国民も国土も守りきれない。そのような事態が近い将来起きることは十分にあり得るのだ。

折りしも安倍晋三首相が自民党総裁として憲法改正論議に一石を投じた。この機会をとらえて、危機にまともに対処できる国に生まれ変わるべきだ。

（2017年6月22日号）

【追記】

中国が2011年9月に打ち上げた無人宇宙実験室「天宮1号」が18年4月2日、9時15分頃に大気圏に再突入し、ほとんどの部品が燃え尽きた。中国当局は詳細を明らかにしていない。天宮1号は中国初の有人宇宙ステーション建設を目指して打ち上げられたが、16年9月に制御不能に陥ったとされる。

沖縄の言論空間に八重山日報の新風

長年、沖縄の言論空間は、地元の2紙、「琉球新報」と「沖縄タイムス」によって歪められてきた。私は度々、両紙の目に余る偏向報道を批判してきたが、その異様な状態に風穴を開けるべく、2017年4月1日、「八重山日報」が沖縄本島の新聞市場に参入した。

同紙は石垣島を中心とする八重山諸島で発行されてきた。現在、「産経新聞」の記事を大幅に取り入れて2大紙とは対照的な、8頁立ての小振りな新聞として発行中だ。八重山日報が沖縄本島で定着すれば、沖縄の言論空間がよりまともになることも期待できる。そこで目下の目標は、17年中に沖縄本島で5000部の契約を獲得することだそうだ。5月末までの2か月で購読は約2000部を超え、県民の受けはよいという。

「那覇で八重山日報を読めて本当に嬉しい、こんな新聞を待っていた、これで元気になれると言って下さる人が後を絶ちません」と、八重山日報社長の宮良薫氏が語る。

活発な言論活動を展開中の我那覇真子さんも、なぜ沖縄県民が八重山日報を歓迎するのかを語った。

彼女は、6月14日にスイス・ジュネーブの国連人権理事会で、「沖縄の人権と表現の自由が、外からやって来た基地反対活動家や共産革命主義者、さらには偏向したメディアによって脅かされています」と報告した。シンポジウムでは「（国連などで、日本政府に弾圧されていると訴え）被害者のふりをしている人たちが、本当は加害者です」と、反基地派への批判もした。

信用すべき沖縄のメディアは２大紙か八重山日報か、それを知るには国連人権理事会で日本政府を批判した特別報告者、デビッド・ケイ氏の演説を各紙がどう報じたかを見るべきだと、我那覇さんは強調した。

「約15分の演説でケイ氏が沖縄に触れたのは４秒間。激しい論争になっている場所でのデモ活動が、『たとえば沖縄のように、制限されているように思う』という部分です。この演説を正確に伝えたのは八重山日報だけでした。琉球新報も沖縄タイムスも、国連のイメージを利用して自分たちの主張である日本政府非難を強調したにすぎません」

記者クラブ制度を批判

ケイ氏は沖縄ではデモ活動が制限されていると報告したが、そのような事実はない。現に沖縄では事あるごとに大規模なデモが行われている。那覇の米軍基地正門前では常に反米軍基地派がデモをし、辺野古では暴力沙汰も珍しくない。沖縄ではデモは禁止などという批判が全く当たらないのは明らかだ。

そこで我那覇さんは演説後、ケイ氏に沖縄に行ったことはあるかと問うたという。

「一度もないと、ケイ氏は答えました。それなのになぜ『たとえば沖縄のように』などと、あたかも沖縄を見てきたように言うのでしょうか。そこでまた尋ねました。これから行く予定はあるか、と。今後も行く予定はないと、彼は答えました」

このようなことも含めて、全体像を詳しく報道したのは八重山日報だけだった。他方、2大紙は、ケイ氏が「16分の演説の中で沖縄にも触れ」たと報じたが、それがわずか4秒だったことや、氏が一度も沖縄を訪れていないことなどは、全く報じていない。ついでに言えば、2大紙は我那覇さんの演説もシンポジウムでの発言も報じていない。彼らが詳報したのは、ケイ氏の日本政府批判である。

そうした中、噴飯物だったのは、沖縄タイムスによるケイ氏への取材記事だ。その中でケイ氏が次のように記者クラブ制度を批判している。

「政府が気に入ったメディアに情報を提供し、独立メディアを排除するという問題点がある」

日本の記者クラブ制度はメディアが創ったものだ。現在は外国人記者にも雑誌記者にも開放されているが、かつてはメディア側が、記者クラブに加入できるメディア、できないメディアを選んでおり、極めて排他的だった。主役は大新聞やテレビ局であり、外国人記者も雑誌もお呼びではなかった。

従って、記者クラブ批判はメディアに向けるべきで、政府にではない。お門違いの日本政府批判は、ケイ氏が日本の記者クラブ制度の歴史や構図を知らないからであろう。

それを沖縄タイムスがそのまま報じたのは無知ゆえではないだろう。彼らもメディアの一員であるからには、記者クラブについて知らないはずがないからだ。ではなぜ、ケイ氏の誤った発言をそのまま報道しているのだろうか。たとえ間違っていても、ケイ氏の発言が日本政府批判であるために見逃したのではないか。そう考えるのは、2大紙には事実関係が実際とは異なっていても、日本政府批判ならば目をつぶるという傾向が見てとれるからだ。

さて、沖縄タイムスの17年6月14日の社説にも驚いた。日本政府がケイ氏に反論したことに関して、「1930年代のリットン調査団への抗議を彷彿させる」と書いている。

2大紙の圧力

満州事変に関連して、国際連盟は米英仏独伊の5か国からなるリットン調査団を派遣、彼らは約8か月かけて、日本と中国でおよそすべての関係者と面談して報告書をまとめた。日本批判の内容だと思われがちだが、実は満州国に関して日本の立場を驚くほど認めている。沖縄に行ったことのないケイ氏が沖縄について4秒間語った報告を権威づけ、利用したいために、社説子はケイ報告をリットン報告書と並べたのか。教養不足か偏見か。いずれにしても、この種の比較をする論説は全く信用できない。

我那覇さんは問うているのだ。全体像を伝えようとする八重山日報と、自分たちの主張したいことだけを強調する沖縄タイムスの、どちらが公平・公正かと。

より公正なのは明らかに八重山日報だ。だが同紙は、その後伸び悩んでいる。配達員不足、販売店不足、沖縄紙に欠かせない「お悔やみ情報」の欠落などに加えて、2大紙の圧力があると思われる。宮良氏が語った。

「販売店に『八重山日報を配達することを禁じます』という通達書が配られたのです。これをやられたら、我々は本当にきつい。ただ明らかに独禁法違反ですから、公正取引委員会が、通達書を出した沖縄タイムスに調査に入りました。沖縄タイムスは慌てて通達書を回収しました」

国際社会に向かって、日本政府が沖縄に圧力をかけ続けていると訴えてきた沖縄タイムスが、足下では弱小新聞社に違法に圧力をかけている。このような行為を欺瞞という。

新聞社の貴重な収入源のひとつである折り込み広告が、どこかで止められている疑いについても宮良氏が訴えた。

「我々の営業力不足かもしれませんが、4月1日から今日まで、折り込み広告が1件もないのです」

沖縄における熾烈なメディア戦争の行方は、日本の国家としての在り方にも深刻な影響を及ぼす。事実を基に全体像を伝えるメディアこそ必要な今、偏向報道をやめず、公正な競争原理をも踏みにじる沖縄タイムスに断固、抗議するものだ。

（2017年6月29日号）

【追記】

沖縄本島で販売を開始して以来、2018年6月末で15か月、部数はいま八重山版が6000部、沖縄本島版が3000部だという。合計で9000部だが、本島版を早く5000部まで増やすことが大事である。新聞を購読してもらう、新しい購読者を獲得するということは想像以上に難しいことだ。しかし、それでも頑張って読者を増やさなければならない。ここは八重山日報の踏ん張りどころである。

韓国が拘束、碑を書き換えた元自衛官

自分は慰安婦を強制連行した加害者だと名乗り出て、今日の慰安婦強制連行という虚偽を生み出す原因となったのが故吉田清治氏だ。吉田氏が韓国の国立墓地、望郷の丘に建立した謝罪碑を当局の許可なく書き換えたとして、韓国警察は2017年6月24日、元自衛官の奥茂治氏を拘束し、出国禁止措置をとったうえで翌日、拘束を解いた。

奥氏は6月26日現在、ホテルに滞在しており、27日には忠清南道天安市の天安西北検察局に出頭する。

奥氏が吉田清治氏の長男の依頼を受けて碑文を書き換えた経緯は、6月1日号の当欄でも報じた。吉田氏は1983年12月に韓国人に向けて、「あなたは日本の侵略戦争のために徴用され強制連行されて（中略）貴い命を奪われました」、「私は徴用と強制連行を実行指揮した日本人の一人として（中略）謝罪いたします」と記した碑を建立した。

「朝日新聞」は、碑の除幕式で土下座する吉田氏の写真を掲載、「たった一人の謝罪」という見出しで報道した。「朝日」はその後も吉田氏の嘘を大々的に伝え続けたが、30年も過ぎた2014年8月に、吉田氏関連記事全ての取り消しに追いこまれた。

だが、朝日新聞の記事取り消しは日本国内に向けて発表されたにすぎない。海外向けにはまるで何事もなかったかのようにこれまで通りの報道が続いている。従って、「日本の一流紙」とされる大新聞の恥ずべき事件について、韓国も世界もほとんど知らない。吉田氏の長男は、父親の証言が朝日新聞によって正式に全面否定されたのであれば、そのことを内外に周知徹底させるのが筋だと考えた。その第一歩が父親が偽りの文面を刻んで韓国に建てた碑の撤去だった。

長男は奥氏に実行を依頼し、奥氏は現場を下調べし、大きな大理石の碑の撤去は困難だと判断。両氏は相談のうえ、碑の文言を書き換えた。新しい碑には「慰霊碑　吉田雄兎　日本国　福岡」とだけ刻んだ。

碑の書き換え作業は17年3月21日午後11時から闇の中で決行され、翌日の午前3時に完了した。だが、韓国側は折角の碑文書き換えに一向に気づかない。そこで奥氏は4月5日付で望郷の丘の施設管理人に「碑文変更届」を郵送した。それで初めて書き換えに気づいた韓国の警察から出頭要請があったのが、同月半ばだ。

「堂々と出頭」

奥氏が語った。

「逃げ隠れするようなことはしません。元々、謝罪碑を書き換えたことを、韓国当局に手紙で知らせたのは私ですから。私は悪事は働いていませんので、堂々と出頭します」

奥氏は韓国警察にどういう理由の出頭かと、問うた。彼らは「国有財産の損壊罪と不法侵入だ」と答えたそうだ。だが、その理屈はおかしいと、奥氏は滞在先のホテルで語った。

「謝罪碑は吉田清治が私費で建立した。それがいつ、韓国の国有財産になったのか。手続きはきちんと取ったのか、見せてほしいと要求しました。すると彼らは管理権の問題だと言い始めました。とまれ、明日（6月27日）、検察に出頭します」

奥氏は天安西北の警察による事情聴取を受けたときの様子も語った。

「空港に着いた途端に手錠をかけられました。私は取り調べにも嘘偽りなく応じています。そのせいか彼らは紳士的に取り扱ってくれますが、吉田清治の言葉は皆嘘だということを、こちらの人は知らないのです。起訴されて裁判になれば、法廷で吉田証言はすべて嘘だった、朝日もそれを虚偽と認めて取り消したということを訴えたいと思います」

韓国で奥氏のニュースがどのように報じられたかは定かでない。日本では菅義偉官房長官が26日の会見で奥氏逮捕に触れて、「韓国側における司法手続きを見守りたい」と述べ、共同通信が短く配信した。新聞で報じたのは、「産経」だけだ。虚偽報道の責任を考えれば、どの新聞よりも大きく報じるべき朝日は、26日夕刊でも全く伝えていない。NHKは奥氏を取材済みであるにもかかわらず、これまた伝えていない。

なぜ伝えないのか。朝日が吉田発言を取り消し、長男が碑を書き換えた、つまり、慰安婦問題はその第一歩から間違っており、強制連行など全くなかったということを認めたくない、知らせたくないからであろう。慰安婦問題の真実は知りたくない、知ってしまえば日本を非難できなくなる、日本は朝鮮人を強制連行して酷い目に遭わせた国だと信じ続けたい、そのような屈折した精神構造ゆえではないのか。

だからこそ奥氏は言うのだ。被告人として裁かれるとき、韓国法廷で朝日の虚偽について詳しく証言すると。韓国人に、朝日の報じた慰安婦強制連行も吉田氏の話も嘘だったとしっかり伝えたいと。

偏狭な民族主義

奥氏が興味深いことを語った。

「吉田氏が建立した碑を、今回書き換えたものも含めて完全に撤去するために、私はこちらで民事訴訟を起こそうと思います。これは実は韓国の警察の助言なんです」

もう一点、氏は天安西北の警察で、今回の出頭に日本の官憲は強く反対しただろうと質《ただ》された。氏はこう答えたそうだ。

「逆です。外国のことでも、罪を犯したのなら、出頭して償ってこいと言われました」

すると、韓国の警察が、「日本の警察は我々の理想だ」とほめたという。

今後は、しかし、それほど甘くない。奥氏にこれから何が起きるのか、懸念せざるを得ない。韓国の政治状況を見ると、決して楽観できない。文在寅大統領は選挙のときから、大統領になった暁には、まず積弊を一掃すると公約していた。積弊とはこれまで積み重ねてきた国家の弊害、つまり、親日的主流派を一掃して、日本の罪を厳しく問う韓国を作るということだ。

前大統領の朴槿恵氏を正当な理由もなく逮捕し、収監し、裁判にかけている現状を見れば、韓国で司法が正常に機能しているとは到底、言えない。加えて、韓国では「反日」が政権の求心力を高める方策になる。文氏はすでにそのことを活用しているのではないか。

7月に韓国で封切られる同国の映画「軍艦島」は、かねて懸念されていたように、酷い捏造に満ちている。軍艦島関係者の証言を聞いても、そこで働いた人々への給与、待遇などを示す資料を見ても、徴用工の強制連行、虐待や奴隷的労働も全くなかったことが明らかだ。日本人と朝鮮人は、明治の最も先進的な技術で建設されたあの小さな島で、肩と肩が触れ合うような密集状態で共に助け合って働き、仲よく生きた。

それを、日本人が多くの朝鮮人を死に追いやる次元まで奴隷労働させたと、映画は主張する。歴史を歪め、捏造して日本に歴史戦を挑み続けるのが韓国であり、そのような反日の気運を盛り上げるのが文政権である。そうした反日歴史戦に力を注ぐ彼らの偏狭な民族主義を思えば、奥氏の訴えは、韓国においては報道されず、闇から闇へ葬り去られる可能性がある。だからこそ、日本側は伝え続けなければならない。

（2017年7月6日号）

映画「軍艦島」で描かれた歴史の嘘

「月刊Ｈａｎａｄａ」２０１７年８月号の「国連の正体」に、藤井実彦氏が驚くべき記事を書いている。

日本軍が朝鮮半島の女性たちを性奴隷にしたという根拠のない出鱈目話をまとめたのは、周知のように国連特別報告者のクマラスワミ氏だ。クマラスワミ報告書は一読しただけで虚偽だとわかる代物である。藤井氏は藤岡信勝氏らが主宰する同報告書の研究班に入り、クマラスワミ氏が報告書をまとめる際に参考にした文献の調査に当たった。

氏が参考にした唯一の英語の文献がオーストラリアのジャーナリスト、ジョージ・ヒックス氏の『性の奴隷　従軍慰安婦』だった。藤井氏はこの書が金一勉という人物の『天皇の軍隊と朝鮮人慰安婦』に依拠していることを突き止めた。さらに金氏の著書が「週刊大衆」や「週刊実話」などに掲載された官能小説、漫画、さらには猟奇小説に依拠していることも突き止めた。

国連特別報告者という権威の衣をまとってまとめた慰安婦の報告書が、世間ではおよそ通用しない週刊誌記事に依拠していたこと自体、驚きだ。

こんなつまらない報告書が、今も日本の名誉を傷つけ続けているのである。なぜ外務省は反論しなかったのか。なぜ、同報告書について調査しなかったのか。

外務事務次官を長年務めた人物は、欧米諸国は慰安婦問題に関する日本の弁明や説明は聞いてくれない、「絶望的な気分になる」と語ったが、自業自得であろう。外務省も外交官も余りにも知的努力が足りない。日本国の名誉を守ろうとする愛国の志が足りない。クマラスワミ報告書を民間人の藤井氏らが調べたようにきちんと調査すれば、いくらでも説得力のある説明は可能なはずだ。欧米の知識人も、彼らの信じる「日本軍、性奴隷、強制連行」説が下品な漫画や官能小説に依拠していたとわかれば考え方を変えるはずだ。そうした調査を怠って、天を仰いで嘆息するばかりが外交官の仕事ではないだろう。

全て作り話

根拠を欠く悪質で下品な主張であるにも拘らず、クマラスワミ報告書は国際社会における日本の慰安婦批判の聖書に祭り上げられた。そしていま、同じような事象が徴用工問題でも起きつつあるのではないか。

韓国の「対日抗争期強制動員被害者連合会」は、日本に強制動員された徴用工の像を、17年8月15日、ソウル、釜山、光州の3か所に設置すると発表した。ソウルでは、日本大使館前に違法に設置されている慰安婦像の横に置くそうだ。

また、7月下旬には柳昇完《リュスンワン》監督による映画「軍艦島」が韓国で封切られる。長崎県端島《はしま》(軍艦島)の炭鉱に「強制連行」され、「奴隷労働」を強いられた朝鮮人労務者が集団脱走を試みて、大量虐殺されるという筋書きだ。

柳監督は「映画的想像力を加味」、「現在の韓国映画で可能な極限の技術」で、生々しく仕上げたと自画自賛する。だが、強制連行も奴隷労働も集団脱走も全て作り話なのである。

端島では日本人も朝鮮人も互いに助け合いながら暮らしていた、子供たちは日本人も朝鮮人も同じ教室で机を並べて学んだと、「真実の歴史を追求する端島島民の会」の皆さんが異口同音に証言している。

80代、90代の旧島民の皆さんは、端島が強制労働の地獄の島として、根拠もなく非難され貶《おとし》められ、それがやがて真実として定着していきかねない現状を憂えている。端島に行けば体感できるが、島は狭く、住民は文字どおり、ひしめき合って住んでいた。そうした中で、如何にして朝鮮人を拷問し、虐殺することができるのか。机を並べて勉強する子供たちの目や耳に届かないように、そんなことが可能なのかと、彼らは憤る。

映画が封切られる今夏、多くの人々がそれを観て、恐らく強い反日感情が生起するだろう。文在寅政権が日本政府に徴用工の強制連行や強制労働に関して謝罪を要求する可能性もある。だが、前述のように、端島の実態は韓国側の主張とは正反対だったのである。日本政府は今度こそ、きちんと事実を主張しなければならない。

この際、徴用工についての日韓両政府の交渉内容を知っておくことも重要であろう。2005年、盧武鉉大統領は日韓国交正常化交渉に関する全資料3万6000頁を公開させた。徴用工についての交渉もその中にある。同志社大学グローバル・スタディーズ研究科の太田修教授による『日韓交渉　請求権問題の研究』（クレイン）から、少々長いが引用する。

「韓国側─我々は（略）相当の補償を要求する。／……他国の国民を強制的に動員することによって負わせた被徴用者らの精神的、肉体的苦痛に対する補償を意味する。

日本側……日本人として徴用されたので（略）日本人に支給したものと同じ援護を要求するのか。

（略）

日本側―被害者個人に対して補償してくれということか。

韓国側―我々は国として請求する。個人に対しては国内で措置するつもりだ。

日本側―わが方でもそのような人々、さらにその遺族にも相当の援護措置を講じており、韓国人被害者に対しても可能な限り措置を講じようと思う」

事実上、決着済み

このような応答のあと、以下のようなやりとりがあった。

「韓国側―（略）日本は韓国人を奴隷扱いしたにもかかわらず当時日本人だったというのは事実を隠蔽するものである。

日本側―非常に気の毒なことであり当然援護しなければならないと考える（略）そのような人々の名簿を明らかにすれば早急に解決できると考えるが、明らかにできるか。

韓国側―若干の資料があるが不完全だ。

日本側―我々もその点について整理しており、不完全であるが相互に対照させれば明らかになると考える。日本の援護法を援用し、個人ベースで支払えばはっきりすると考える。日本側としては責任を感じており、被害を受けた人に対して何ら措置を講ずることができず申し訳なく考えている。特に負傷者、行方不明者、死亡者やその家族に措置を講じなかったことに対して遺憾であると考えている。（略）相互に国民の理解を促進し国民感情を宥和させるためには、個人ベースで支払うのがよいと思う。

韓国側――……国内問題として措置する考えであり、（略）その支払いはわが国の手で行うつもりである」

太田氏の著書にはもっと詳しい交渉の様子が記述されており、徴用工問題では日本政府が個人補償を繰り返し申し出て、韓国政府が国内問題として措置したい、徴用工個々人への支払いは韓国政府が行うと言っているのがわかる。

こうした外交資料を読んだ盧武鉉大統領は、「請求権協定を通じて日本から受け取った無償3億ドルは、強制動員被害補償問題解決の性格の資金等が包括的に勘案されているとみるべきである」として、この件を事実上、決着済みとした。

徴用工問題は、現在、韓国側が言っているようなものではなかったのである。これを第二の慰安婦問題にしてはならない。韓国側の捏造に満ちた歴史戦に、日本人はできるだけ多くの知識をもって立ち向かわなければならない。

（2017年7月13日号）

世界の指導者になれない残酷な中国

これまで多くの首脳会議の集合写真を見てきたが、アメリカの大統領が端に立っている場面は思い出せない。その意味でドイツ・ハンブルクで２０１７年７月７日から開かれた主要20か国・地域首脳会議（Ｇ20サミット）の集合写真は印象的である。

前列ほぼ中央にアンゲラ・メルケル独首相が立ち、その左に中国の習近平主席、習氏の左にロシアのウラジーミル・プーチン大統領が立った。ドナルド・トランプ米大統領は前列の端から２人目、中央から離れて立った。自由主義陣営の旗手が片隅に立つ姿は現在の世界の実情を投影しているように私には思えた。

Ｇ20で改めて明らかになったのが、大国主義で傍若無人の中国の強気と、中国に目立った抗議をしない各国の対応である。トランプ大統領はドイツ入りする直前、ポーランドを訪れ、「ポーランド国民の自由、独立、権利と国家の運命」について語り、両国は固い絆で結ばれており支援すると演説した。Ｇ20を、自由主義陣営とそうでない中国・ロシア陣営との価値観のぶつかり合いの場ととらえての演説だったのか。だがその言は果たしてどの程度まで行動に反映されているのか。ノーベル平和賞受賞者で、服役中に肝臓ガンにかかり、今や重体に陥った中国人活動家・

劉暁波氏の案件を、このG20でアメリカも欧州も取り上げてはいない。

中国が劉氏の病状を発表した6月26日、氏はすでに末期だった。たとえ助からなくても、外国で治療を受けたいと氏は願ったが、中国政府が出国を許さない。7月8日までに米独の専門家が劉氏を診察し、氏の容態の「急速な悪化」が報じられた。化学療法も停止されたという。

欧米諸国、とりわけアメリカは人権問題に強い関心を持ち、中国にも厳しく対処してきた歴史がある。それが世界の尊敬と信頼を集める理由でもあった。しかし、トランプ政権からは、人権問題に真剣に取り組む姿勢は見えない。欧州を牽引するドイツもまた、人権問題よりも中国との経済協力に、強い関心を示している。ドイツが主催した今回のG20でも人権問題はほとんど表面化せず、習主席はさぞ満足したことだろう。

知識人を拷問・殺害

中国歴代の政権が、最も恐れている民主化運動のリーダーが劉氏である。「産経新聞」外信部次長の矢板明夫氏が語る。

「劉氏は自由のために戦い続けてきました。いまや、民主化勢力にとって神のような精神的リーダーです。もう一人、習氏が恐れる政敵が薄熙来氏です。彼は民衆のために戦った政治家として、いまも根強い支持があります。両氏が中国の左派と右派、両陣営の精神的求心力になっているのです。その2人が揃って肝臓ガンになった。尋常ならざる事情が裏にあると思います」

ちなみに薄氏は酒、煙草は一切のまない。趣味はマラソンという健康人である。酒も煙草も大いに好み、趣味はマッサージという習主席とは対照的だ。にも拘らず、薄氏が肝臓ガンにかかったことに、中国の残忍さを知悉《ちしつ》する矢板氏は疑問を抱く。

劉氏に関して中国当局は病状を知っていながら必要な治療を施さなかったのであろう。治療しても到底、助からないことを見越しての公表だったはずだ。死亡後に釈放するより、末期の氏を手厚く治療する様子を発信すれば、習体制の悪魔のような人権弾圧や拷問の印象が薄れると踏んだ可能性もある。中国での人権弾圧の事例を矢板氏が説明した。

「２０１５年7月10日、『暗黒の金曜日』に人権派弁護士約２００人が拘束されました。その中に李和平氏がいます。非常に優秀な勇気ある男で、彼は当局が強要して認めさせようとした罪を一切認めなかった。服役中に拷問され、血圧を急上昇させるような食事や薬剤を投与されて、ほとんど目が見えなくなった。逮捕から約２年間収監され、17年5月に釈放されたときは、健康で頭脳明晰だったかつての姿ではなく、髪は真っ白、呆けて別人になり果てていました」

中国で行われる拷問のひとつに、袋をかぶせて呼吸困難にする手法がある。

「頭部をビニール袋でスッポリ覆って暫く放置すると、酸素が欠乏して脳に影響が出ます。死ぬ直前で袋を開けて息をさせる。そしてまた、袋をかぶせる。これを繰り返すと、完全に廃人になります」と矢板氏。

カンボジアのポル・ポト政権が、毛沢東に倣《なら》って同じ方法で知識人を拷問・殺害していたことが知られている。習政権はいまもそのようなことを行っているわけだ。だが、習主席がこの件についてＧ20で注文をつけられたり論難されたりすることはなかった。自由を謳い上げたトランプ大統領はどうしたのか。

無実の日本人を拘束

欧米諸国が中国に物を言わないのであれば、日本が自由や人権などの普遍的価値観を掲げて発言すべきなのである。今からでもよい、劉氏の治療を日本が引き受けると表明すべきである。日本は中国と距離的に近い。欧州に移送するより日本に移送する方が、劉氏にとってずっと負担が少ない。理由はもうひとつある。日本人12人が現在、中国に「スパイ」として拘束されているではないか。12人中6人は、千葉県船橋市の地質調査会社「日本地下探査」の技術者4人と、彼らが中国で雇った日本人2人である。

社長の佐々木吾郎氏が、4人は「まじめで一生懸命な社員ばかり」だと語っている。全員、中国語は全くわからない。そんな人たちが中国側から温泉探しで協力を依頼され中国に飛んだ。郊外で温泉を掘ろうと地質調査をした。この人たちがなぜスパイなのか。彼らにどんなスパイ活動ができるのか。完全な冤罪である。これは中国が日本に仕掛けた罠であり、外交戦なのである。

無実の日本人をいきなり拘束してスパイ扱いし、対日交渉の材料にする中国のやり口を、私たちは2010年に拘束されたフジタの社員4人の事件から学んだ。あのときは中国漁船が尖閣諸島海域で海上保安庁の巡視船に体当たりして、日中関係が非常に厳しくなっていた。中国はレアアースの対日輸出を一時止めてWTO（世界貿易機関）のルールも踏みにじった。だが結局、日本は譲歩した。

今回、中国が勝ち取りたいのは日本の経済協力であろうし、南シナ海問題に警戒感を強め、台湾の蔡英文政権について発言、接近する動きを見せる安倍首相への牽制だろう。2018年は習主席が訪日する。その前に安倍首相が訪中する。中国にとって好ましい形で対日外交を乗り切り、大国としての地位を確立するために日本を従わせようとしているのではないか。

日本がＡＩＩＢ（アジアインフラ投資銀行）に前向きな姿勢をとることも、米国に頼り切れない現状では、戦術上、必要であろう。しかし局面はいま、日本が人道の国として、普遍的価値観重視の姿勢を、国際社会に鮮明に打ち出すときだ。そのために６人のみならず、12人の釈放を要求し、劉氏受け入れも表明するのがよい。

（２０１７年７月20日号）

【追記】

現在、中国は８人の日本人をスパイ容疑で起訴し、裁判にかけている。その人々の経歴や仕事に関してはさまざまな情報があり、正確さを欠くものもあるいはあるかもしれないが、私の手元にある情報では、以下のような人々が拘束されている。

まず、本稿で取り上げた地質調査の人々だ。６人のうち４人は帰国を許されたが、２人はスパイだとして起訴されてしまった。

その他に、土井たか子氏の秘書を務めていた元社会党の職員も起訴されている。創価学会幹部で元日本航空社員だった人物は、日本で定年退職を迎えた技術者を中国のさまざまな企業に再就職させていた。日本の技術の流出につながり、日本にとっては深刻な問題だが、中国にとっては願ってもない仕事をしてくれる人物だったが、この人物も裁判にかけられている。また北朝鮮に妹さん２人を残して脱北した日本人も拘束されている。この人は母親が日本人で、彼は妹２人の消息を求めて中朝国境近くを訪ねたときに逮捕された。さらに日本語学校の経営者も起訴されている。この人たちは全員日本人だ。スパイの疑惑をかけられているが、その証拠はどこにもない。日本国政府は彼らはスパイなどではないと主張し続け、全員の解放を求めていかなければならない。

第3章　日本の誇りを改めて見直す

戦略も価値観も失くしたのか、米政権

アメリカ共和党のジョン・マケイン上院議員が２０１７年7月19日、脳腫瘍を患っていると発表した。同情報をアメリカ各紙は大きく報じ続けている。その詳細な報道振りから、改めてマケイン氏の政治的影響力のほどを認識した。

氏はベトナム戦争で負傷し、捕虜として北ベトナムに5年間拘束された。解放の機会は幾度かあったが、同僚の軍人たちを残しての解放には応じられないとして最後まで頑張り通した。このような経歴に加えて、共和党員でありながら、共和党に対しても言うべきことは言う正論の人としての姿勢が、党派を超えて高く評価されている。

マケイン氏が6月18日の「ウォール・ストリート・ジャーナル」紙のインタビューにこう語っている。

「もし我々が人権についての主張を放棄すれば、我々は歴史において興亡を繰り返す（そしてやがて滅びていく）その辺の国と何ら変わらない」

「人間を変えることはできない。人間は自由を求める存在である。世界の人々はロールモデルとして、精神的支柱として、我々を見ている」

氏が念頭に置いているのはドナルド・トランプ大統領である。トランプ氏は最初の外遊先に中東を選んだ。その中で、女性の人権について非常に問題のある国だとされているサウジアラビアでの会談で、人権問題に全く触れなかった。その点に関して、マケイン氏はこう述べた。

「アメリカはユニークな国家だ。我々は失敗や間違いも犯したが、人々のために立ち上がった。信ずるところに従って立ち上がらなければ、我々は他の国と同じになる」

アメリカのメディアはこれをトランプ氏への「痛烈な批判」と報じた。だが、トランプ氏はその後も各国の人権状況にはほとんど無頓着であり続けている。中国共産党政権下で拘束されていた劉暁波氏が死去した7月13日、トランプ氏はパリでマクロン仏大統領と首脳会談を行った。ここでもトランプ氏には人権という概念が全く欠落していると思わせる発言があった。

戦略なきトランプ政権

共同記者会見で中国について問われ、トランプ氏は習近平国家主席を「偉大な指導者だ。才能に溢れた好人物だ」と称賛したのだが、中国政府によって逮捕、拘留され、まさに死に追いやられた民主化運動の精神的支柱、劉暁波氏には、一言も触れなかったのである。

このような姿勢への批判が高まり、ホワイトハウスは5時間後、大統領のコメントを発信する羽目に陥った。だが、それはごく通常の「お悔やみ」の言葉にすぎず、抑圧された人々の自由と権利のために、アメリカの影響力を最大限行使する気概は全く見てとれなかった。

マケイン氏が指摘するように、アメリカを大国たらしめ、国際社会の中心軸たらしめた要因は、単に世界一の軍事力と経済力だけではない。「アメリカが己の信条に忠実に、人類普遍の価値観を守ろうとし続けたから」である。

アメリカの歴史を振りかえると、大国への道程のひとつが1861年から4年間続いた南北戦争だといえる。その戦いの軸のひとつは、黒人奴隷の解放という、人権、普遍的価値観を巡る信念だった。北部諸州の勝利はアメリカが普遍的価値観に目覚め始めたことを意味する。そのときから約150年、さらに第1次世界大戦から約100年、アメリカは経済、軍事の双方において大英帝国を凌駕し、世界最強国への階段を駆け上がり続けた。

第2次世界大戦直後には、ギリシャ及びトルコ防衛、つまり地中海を旧ソ連の脅威から守るためにNATOを創設し、第2次世界大戦で疲弊した欧州の再生を促すべくマーシャル・プランを実施した。

アメリカは「自由世界」の盟主として、民主主義、人間の自由、弱者救済など、誰もが賛成せざるを得ない普遍的価値観を基盤にして共産主義、社会主義陣営と戦った。

アメリカの政策を具体的に見れば、たとえば対日占領政策に関しては、日本人としては大いなる不満がある。欺瞞も指摘しなければならない。それでも、当時、世界が直面していたソビエトの共産主義・社会主義に対峙すべく、あらゆる力をもって備えようとしたアメリカの戦略は正しかったと思う。

アメリカを「偉大な国」の地位に押し上げた要因は、このように大戦略を持っていたこと、人類普遍の価値観を基盤としたことの2つであろう。

しかしいま、アメリカの戦略、価値観共に揺らいでいる。戦略が欠落している結果、トランプ氏はNATOを「時代遅れ」と呼び、年来アメリカの敵と位置づけられてきた独裁専制政治を実践するロシアのプーチン大統領まで称賛するのである。

眼前の利益

7月24日号の「タイム」誌の表紙を飾ったのはトランプ大統領の長男ジュニア氏だった。氏を真正面からとらえた顔写真の上に、氏が公表したeメールの文面を重ねた表紙で、「Red Handed」（赤い手に捕われて）という鮮やかな黄色文字で書かれた特集タイトルが目を引いた。

大統領選挙の最中、ヒラリー・クリントン氏に不利な情報、従ってトランプ氏に有利な情報を提供できると称するロシア側の連絡を受けて、ジュニア氏は、その人物にトランプタワーで会った。ジュニア氏は、「会ってみたら何も役立つ情報はなかった」「一刻も早く面談を打ち切りたいと思った」と弁明するが、タイム誌が指摘するまでもなく、大統領選挙に勝つために、ロシアと力を合わせようとしたこと自体が問題である。

ロシアの協力を得て目的を達成しようと考えたこと、実際にそのような機会が申し入れられたとき、それに乗ろうとしたこと自体が問題だというのは常識だが、トランプ氏も、氏の身内も、この点を明確に認識しているとは思えない。

タイム誌は、「結局、大金持ちを（大統領に）選ぶということはこういうことなのだ」と書いたが、それは誰が敵か誰が味方かを判断できず、眼前の利益だけを追い求める人物を指導者に戴《いただ》く危険を指してもいるだろう。

トランプ氏を大統領に据えて漂流しかねない国に、日本は無二の同盟国として大きく依存している。国家としての足場の危うさを感じざるを得ない。

そうしたいま、わが国は加計学園問題に時間を費やしている。加計学園問題の本質は天下りの既得権益を侵された官僚の、安倍晋三首相に対する挑戦である。それはまた、憲法改正に向かいつつある首相の動きを阻止したい大方のメディアの挑戦でもある。不条理な反安倍の猛烈な逆風の中でも、私たちは、厳しい世界情勢を乗り切るために安倍首相の下で憲法改正を実現するしかない。日本にこそ、戦略と価値観の軸が必要なのだ。そのことになぜ気づかないのかと思う。

（2017年8月3日号）

徴用工を第二の慰安婦問題にするな

２０１７年7月26日、韓国で映画「軍艦島」が封切られた。朝鮮問題が専門の西岡力氏は公開3日目の28日に、ソウルの映画館2か所で見た感想を次のように語った。

「ひとつ目の映画館は１８０席のところに１０７人、次の館は同じく１８０席のところに40人ほどが入っていました。熱狂的な雰囲気はありませんでした」

他方、7月28日付「朝鮮日報」は公開2日で１５５万人を動員し、初動では過去最高の滑り出しだと報じた。韓国側の宣伝の一環か。

近代日本の石炭産業の発展を知るうえで貴重な長崎県端島炭坑、通称軍艦島は、明治日本の産業革命遺産を構成する23資産のうちのひとつとして15年、世界遺産に登録された。

映画が、虚偽と捏造に満ちているのは予想どおりだが、そのレベルは想像をはるかに超える。たとえば徴用工は強制連行され、船底に押し込められる。下関では殴られながら下船し、窓のない貨車に詰め込まれて長崎に運ばれる。ドイツのユダヤ人に対する仕打ちを連想させるが、韓国では慰安婦問題をはじめとする歴史戦でドイツと同じ「ホロコーストの国」というレッテルを日本に貼ってきた。彼らであればこそ、その意図は分かり易い。

端島に着くや、男たちは牢獄のような宿舎に入れられ自由を奪われる。乏しい食事と殴打の中で重労働に駆り立てられる。事故が起きると他の坑道を守るために出口が塞がれ、朝鮮人坑夫は見殺しにされる。

家族連れで島に来た朝鮮の女性や女児は夫や父親と離され、遊郭で働かされる。反抗すれば罰せられ、全身に入れ墨を彫られる。無数の五寸釘が突き出た戸板の上に女性が転がされ、血だらけで殺される場面もある。

余りのひどさに彼らは集団脱走を企て、日本人と壮絶な戦いを展開する。日本人と朝鮮人は銃で撃ち合い、火炎瓶を投げ合う。まるで戦争である。私は端島を取材したが、あの小さな島でこのような戦いが始まれば島全体が機能不全となる。石炭採掘は1970年代まで続いたのである。日本の敗戦後も朝鮮半島に戻らずに、島に残ってそこで働き続けた朝鮮人もいたことを考えれば、映画は荒唐無稽というより他にない。

現代韓国人の作り話

女性が五寸釘の戸板の上を死ぬまで転がされるなどの罰は、軍であれ、民間企業であれ、日本の文化にはない。これは悪名高い国連特別報告者クマラスワミ氏の報告書の中の、北朝鮮の元慰安婦と称する人物の作り話にすぎない。

その他の詳細は省くが、彼らは映画で何としてでも日本を暗黒の国として描こうとしている。監督、柳昇完氏は7月28日、日本側の批判に「取材した事実を基にしている」、「朝鮮人強制徴用の悲惨な実態と日本帝国主義の蛮行を描こうとした」と語っている。取材したと言いながら、日本人、朝鮮人の区別なく、共に助け合ったという旧島民の証言には、はじめから耳を貸す気はなかったのである。

このようなでたらめの映画が国際社会に流布されていくそもそもの原因は、不当な非難を浴びたとき、抗議もせず事実も説明しなかったわが国の外交にある。クマラスワミ報告には長年全く反論せずに沈黙を守り続けた。マイク・ホンダ米下院議員らの不条理な慰安婦非難にもまともに反論しなかった。

それどころか、多くの外務官僚は慰安婦問題では日本軍の強制連行や性奴隷説を信じているのではないか。だからこそ、河野洋平官房長官談話に外務省は反論しなかったのではないか。

人間は自分を基準にして物事を判断しがちだ。であれば、外務官僚は己の心の卑しさゆえに、慰安婦の強制連行や性奴隷説を受け入れてきたのではないか。日本外交の異常とも言うべき敗北主義を長年目にしてきた結果、私はこのようにさえ、感じ始めている。

こうして「日本軍・慰安婦・性奴隷」というイメージが広がり、それがいま、徴用工問題につなげられている。

韓国政府は、徴用工は強制連行で、朝鮮人労働者は不当な非人道的扱いを受けたとの立場から、日本政府に非を認めさせるべく、猛烈に攻める。非を認め、日本の蛮行を明らかにする情報センターを設置せよと要求する。

九州大学教授の三輪宗弘氏は、朝鮮人労働者の虐待、虐殺、奴隷労働が現代韓国人の作り話であることは、１９４５年の段階で一旦朝鮮に帰った労働者が再び日本に戻ろうとした事実を見れば明らかだと述べる。氏は、米国立公文書館の「Illegal Entry of Koreans」という統計データから、45年の段階で1万人近くの朝鮮人が日本に密入国しようとして捕まり、送り返されていたことが分かると指摘し、「奴隷労働や虐殺が行われていたとしたら、なぜ再び日本に密入国してまで戻ろうとするのか説明できない」というのだ。

日本外交の失敗

ソ連に抑留された日本人が、帰国したあと再び、密入国してまでソ連に戻ろうとするだろうか。絶対にあり得ない。万単位の朝鮮人が帰国後再び日本に戻ろうとしたのは、日本での方が豊かに、そして恐らく、より平和に暮らせると考えたからではないか。奴隷労働や虐殺とは無縁の世界が日本だったということだ。

にも拘らず、なぜ外務省は日本が朝鮮人労働者を虐待したとして、そのことを発信する情報センターを作るなどと約束したのか。なぜ自ら敗北へと転がっていくのか。

世界遺産への登録は、ユネスコの諮問機関、国際記念物遺跡会議（イコモス）の勧告によってなされる。2015年5月、日本は8県にまたがる23資産すべての登録を認めてもらえる満額回答を得ていた。しかし、外務省が「韓国の意向も尋ねなければ」と言い始めた。

世界遺産への登録は各国の思いで申請される。それを判断するのがイコモスである。イコモスが満額回答しているときに、なぜ外務省は韓国の意向を気にするのか、どうしても理解できない。

韓国が、日本の登録阻止に動いたのは予測の範囲内であろう。外務省は韓国に妥協して、登録の際、「本人の意思に反して労働を強いられた（forced to work）」と表現した。

外務省はこれを「働かされた」という意味だというが、国際社会では時効のない罪、「強制労働」と解釈される。重大な失政である。そのうえ、「日本の罪」を明確に伝えるための情報センターを作るとまで約束した。慰安婦問題も徴用工問題もすべて、日本外交の失敗から生まれている。

歴史問題で日本を追及しようとする韓国や中国の悪意を、日本外務省は認識すべきだ。韓国が求める情報センターを設置して強制連行があったとすることは、慰安婦問題と同じ失政を繰り返すことである。情報センターを作るなら、日本の歴史の真実を伝える情報こそ発信せよ。

（2017年8月17日・24日号）

韓国の対日歴史戦の背後に日本人

韓国の文在寅大統領が大胆な歴史修正に踏み切った。2017年8月15日、「光復節」の式典で、徴用工などの「被害規模の全貌は明らかにされていない」とし、被害者の名誉回復、補償、真実究明と再発防止が欠かせない、そのために「日本の指導者の勇気ある姿勢が必要だ」と発言した。日本に補償を求めて問題提起するということであろう。

左翼志向の盧武鉉元大統領も、戦時中の日本の「反人道的行為」に対して韓国には個人請求権があると主張した。だが、盧氏は日韓請求権協定の資料を精査した結果、2005年8月26日、徴用工への補償はなされており、もはや韓国側に請求する権利はないとの見解を正式に発表した。

文氏は秘書室長として盧元大統領に仕えた人物であり、一連の経緯を承知しているはずだが、いま再び徴用工問題を持ち出している。その背景に、12年に韓国大法院（最高裁）が下した特異な判決がある。1910年に始まる日本の韓国併合を違法とし、違法体制下の戦時動員も違法であり、従って、日本には改めて補償する責任があるとするものだ。

どうしてこんな無法といってよい理屈が生まれるのか。シンクタンク「国家基本問題研究所」企画委員の西岡力氏は、8月11日、「言論テレビ」で、この特異な判決の背景に日本人の存在があることを指摘した。

「韓国併合は無効だという論理を構築し、日本政府に認めさせようとしたのは日本人なのです。東大名誉教授の和田春樹氏、津田塾大名誉教授の高崎宗司氏らが、80年代以降、一貫して韓国併合は国際法上違法だったと主張し、運動を始めたのです」

80年代といえば、82年は第1次教科書問題が発生した年である。当初、指摘された文言について、日本側は教科書の書き換えなど全く行っていなかったにも拘らず、謝罪した。謝りさえすればよいというかのような日本政府の安易な姿勢が一方にあり、もう一方には、和田氏らの理解し難い動きがあった。和田氏らは長い運動期間を経て2010年5月10日、『韓国併合』100年日韓知識人共同声明」を東京とソウルで発表している。日本側発起人は和田氏で、最終的に日韓双方で1000人を超える人々が署名した。

国際法の下で合法

署名人名簿には東大教授らが名前を連ねている。すでに亡くなった人もいるが、私たちの記憶にとどめるためにもざっと拾ってみよう。肩書きは名簿に記載されているものだ。

荒井献（東京大学名誉教授・聖書学）、石田雄（東京大学名誉教授・政治学）、板垣雄三（東京大学名誉教授・イスラム学）、姜尚中（東京大学教授・政治学）、小森陽一（東京大学教授・日本文学）、坂本義和（東京大学名誉教授・国際政治）、外村大（東京大学准教授・朝鮮史）、宮地正人（東京大学名誉教授・日本史）の各氏らである。

「朝日新聞」の記者も含めて、その他の署名人も興味深い。これまた目につく人々を拾ってみよう。

今津弘（元朝日新聞論説副主幹）、大江健三郎（作家）、小田川興（元朝日新聞編集委員）、佐高信（雑誌『週刊金曜日』発行人）、沢地久枝（ノンフィクション作家）、高木健一（弁護士）、高崎宗司（津田塾大学教授・日本史）、田中宏（一橋大学名誉教授・戦後補償問題）、鶴見俊輔（哲学者）、飛田雄一（神戸学生青年センター館長）、宮崎勇（経済学者・元経済企画庁長官）、山崎朋子（女性史研究家）、山室英男（元ＮＨＫ解説委員長）、吉岡達也（ピースボート共同代表）、吉見義明（中央大学教授・日本史）の各氏ら、まさに多士済々である。

それでも、日本政府の立場は一貫して韓国併合は当時の国際法の下で合法的に行われ、有効だったというものだ。西岡氏が強調した。

「あの村山富市氏でさえも、当時の国際関係等の歴史的事情の中で、韓国併合は法的に有効に締結され、実施されたと答弁しています。国が異なれば歴史認識の不一致は自然なことです。しかし、和田氏らは国ごとに異なって当然の歴史認識を、日本が韓国の考え方や解釈に合わせる方向で、一致させようとします」

一群の錚々たる日本人による働きかけもあり、韓国大法院は、前述の併合無効判断を示した。

次に韓国側から出されたのは「対日抗争期強制動員被害調査及び国外強制動員犠牲者等支援委員会」の「委員会活動結果報告書」（以下、報告書）である。

右の長たらしい名称の委員会は04年、盧武鉉政権下で発足、報告書は16年6月に発行された。韓国政府は11年余りの時間を費やし、凄まじい執念で調査して大部の報告書にまとめ上げた。序文で「ナチスのユダヤ人に対する強制収容、強制労役、財産没収、虐待やホロコースト」に関してのドイツの反省や償いを詳述していることから、日本の戦時動員をホロコーストに結びつける韓国側の発想はあからさまだ。

「朴正熙元大統領は立派」

要約版だけでも151頁、「強制動員が確認された日本企業」2400社余りの社名が明記されていたのは驚きであり、違和感は強い。

この報告書作成にも日本人が関わっていた。海外諮問委員として発表された中には、歴史問題に関する文献でよく見かける人物名がある。たとえば殿平善彦（強制連行・強制労働犠牲者を考える北海道フォーラム）、上杉聰（強制動員真相究明ネットワーク）、高實康稔（NPO法人岡まさはる記念長崎平和資料館）、内海愛子（「対日抗争期強制動員被害調査報告書」日本語翻訳協力委員）、竹内康人（個人研究者）、樋口雄一（個人研究者）の各氏らである。

「こうした人々が韓国側に協力している間、日本政府は労働者動員問題も慰安婦問題も放置してきました。仮に彼らの主張や資料が偏って間違っていても、そのことを証明するにはきちんとした資料を出さなければなりません。その点でこちら側は周回遅れです」と西岡氏。

だが、慰安婦が強制連行されたわけでも性奴隷でもなかったように、徴用工は強制連行されたわけでも奴隷労働を強いられたわけでもない。そのうえ日韓間では解決済みの問題である。西岡氏は当時の状況を具体的に振りかえるべきだと、強調する。

「日本に個人補償させずに、まとめて資金を受けとった朴正熙元大統領は立派でした。もし日本が個人補償をしたら、朝鮮戦争の戦死者の補償よりも、日本の徴用で死んだ人への補償の方が高くなる。それでは韓国の国が持たない。だから日本の資金をまとめて受けとり、それで独立運動家や亡くなった人の遺族に奨学金を出した。一人一人に配ると食べて終わりですから、ダム、製鉄所、道路を作り経済成長につなげ、元慰安婦も元徴用工も元独立運動家も皆を豊かにする漢江の奇跡に結びつけた。１９６６年から75年まで日本の資金の韓国経済成長への寄与率は20％。日韓双方に良い結果をもたらしたのです」

文氏にはこうした事実を繰り返し伝え、主張していくしかない。

（２０１７年8月31日号）

平和ボケの日本人が読むべき1冊

2017年8月29日早朝、3日前に続き北朝鮮がまたもやミサイルを発射した。しかも、今回は日本上空を飛び越え、太平洋上に落下したのだ。北朝鮮の挑発はやまず、周辺の緊張は続く。そんな今、色摩《しかま》力夫《りきお》氏の『日本の死活問題　国際法・国連・軍隊の真実』（グッドブックス）を、啓蒙の書として勧めたい。

色摩氏は89歳、戦時国際法の第一人者である。仙台陸軍幼年学校から陸軍予科士官学校に進んで軍人になる予定だったが、その前に終戦を迎えた。そこで「国を守ることに変わりはない」と、外交官の道に入り、戦時国際法の権威となった。

世界で唯一、憲法で自国の「交戦権」を否定している日本の私たちにとって、戦時国際法や戦時法規などと言われてもピンとこないだろう。なんと言っても、わが国は「いざというときには戦争に訴えてでも自国を守る権利」、即ち、国家主権の核心をなす交戦権をアメリカ製の憲法で否定され、一方的に守って貰う屈辱に70年間も甘んじている事実上の被保護国だ。交戦権をはじめ国防や安全保障の心構えとは無縁で、楽しく過ごしてきた平和ボケの国民である。

氏は、そんな日本人に、パシフィズム（平和主義）こそ戦争誘因の要素であること、戦争は悪だと認識し、戦争廃止を熱望し、広く啓蒙すれば戦争はなくなると信ずるパシフィズムは、歴史の試練の前で敗北してきたと、懇切丁寧に説明する。

平和の実現とは正反対に、パシフィズムが大戦争を引き起こした悪名高い事例に１９３０年代のイギリスの対独政策がある。官民共にパシフィズムに染まったイギリスは、膨張を続けるヒトラーに対して宥和政策をとり続けた。独仏の歴史的係争地であるラインラントにヒトラーが手をかけたのが36年3月だった。パシフィズムの蔓延している英仏両国は軍事行動に出ないと見ての侵攻だった。ヒトラーの読みは当たり、英仏は対独戦には踏み切らず、ヒトラーの侵攻は大成功した。その後の第2次世界大戦への流れは周知の通りだ。

「戦争を望む人」

往年のイギリス同様、現在の日本にもパシフィズムが蔓延する。特に「ＮＨＫ」「朝日」を筆頭とするメディアにその傾向は強い。２０１５年の安保法制も、安倍晋三首相の憲法改正もすべて「戦争」につながるとして、彼らは批判する。

大事なことは、しかし、独りよがりの素朴な善意を振り回すことではない。日本周辺に北朝鮮や中国の脅威が迫っている今こそ、そもそも紛争や戦争について、国際社会の常識がどうなっているのか、意外な現実を知ることだ。色摩氏は書いている。

「文明社会においては実力行使は最終手段（ultima ratio）でなければなりません。文明の紛《まぎ》れもない兆候のひとつは、暴力が最後の手段に限定されていることです。他方、野蛮の証《あかし》は、暴力が最初の手段（prima ratio）になっていることです」

実力行使即ち戦争は文明社会では最終手段、野蛮な社会では最初の手段とされている。どちらの場合も、戦争は否応なく、問題解決の手段とされているのが国際社会の現実だというのだ。

このような説明は、日本では中々受け入れられず、逆に「戦争を望む人」の言説として受けとめられがちだ。だが氏の指摘は、国際社会では戦争に関わらないことは容易ではなく、戦争は国際政治の中に組み込まれている、そのことを理解しなければ、国家として生き残るのは難しいということである。

たとえば、多くの日本人は国連は平和を守る機関であるかのように誤解しているが、色摩氏は国連は次の４つの戦争を認めていると強調する。

①国連自身の武力行使（国連憲章第42条）、②加盟国の個別的自衛権の行使（第51条）、③加盟国の集団的自衛権の行使（第51条）、④敵国条項による旧敵国への武力行使（第53条、１０７条）

②と③は自衛戦争を指すが、戦争が自衛か否かを判断するのは当事国で、どんな戦争も自衛戦争として正当化される。

総合すると、国連憲章は事実上、全ての戦争を認めていると言ってよい。だから世界各地で今日まで、多くの戦争が続いてきた。戦後約70年間で、戦争などで武力行使をしなかった国は、国連加盟１９３か国中、日本などわずか８か国に過ぎないとの氏の指摘は重要だ。

世界中で戦争は続いている。しかも日本周辺の危機は高まっている。だからこそ、戦争に対する国際社会の考え方やルールを知っておかなければならない。近代国際社会は、戦いの惨禍を抑制するためのさまざまなルールを作っている。それが、戦時国際法である。その中でも最も大事なことは、戦争の終わらせ方だという。

戦時国際法への無知

停戦、講和条約締結、批准に至って全ての問題は解決され、勝者も敗者も、この時点で未来志向で新しい出発点に立つ。この国際ルールから言えば、中国や韓国が日本に戦時中の賠償を現在に至るまで求めているのは、明らかにおかしい。わが国は先の大戦を国際法に則って戦い、国際法に基づいて降伏の手続きを行い、降伏条件もまじめに履行した。法的にも政治的にも、戦争は完全に終了している。

日本が近隣諸国の歴史認識問題に振り回されるのはこの認識が不十分なためだとの色摩氏の指摘を心に刻みたい。中国、韓国両国に対してだけではなく、私たちは大東亜戦争に関してあらゆる意味で引け目を感じている。それは戦時国際法への無知から生じているのだ。

たとえば真珠湾攻撃である。わが国は攻撃開始30分前に最後通牒をアメリカ側に手交する予定だったが、ワシントンの日本大使館は攻撃開始からおよそ1時間過ぎて手交した。このことで騙し討ちなどと言われるが、色摩氏は「奇襲攻撃は今も昔も、国際法上、合法である。わが国が不当な汚名を甘受するいわれはない」と断じている。

たとえば39年のドイツによるポーランド侵攻、41年のドイツのソ連奇襲と独ソ戦開始、65年のアメリカの北ベトナム攻撃、4度にわたるイスラエルとアラブの戦争、北朝鮮が韓国に攻め入った50年の朝鮮戦争など、どの国も事前に宣戦布告をしていない。そのことで責められてもいない。現在も宣戦布告は国際法上の義務ではない。私たちはこうしたことも知っておくべきだ。

戦争に関する法理という視点に立てば、「日本は先の大戦を立派に戦い、そして、ある意味で立派に負けた」に過ぎない。色摩氏は、「けっして卑屈になったり、引きずったりする理由はありません。正々堂々と戦後を再出発すればよかったのです」と言い切る。国際法や国際社会、国連の現実を知ることで、日本はもっと前向きな自己認識を持つようになれるのだ。

（2017年9月7日号）

日本の実力、備えもなしに国民は守れない

横田めぐみさんの拉致から２０１７年で40年、家族会結成から20年、蓮池薫さんら５人の帰国から15年だ。

長い年月が過ぎ去ってしまった。13歳のめぐみさんは53歳に、御両親の滋さんと早紀江さんは84歳と81歳になった。それでもまだ、日本国は拉致被害者を救い出し得ていない。なぜか。

この問いについて私は16年12月22日号の本欄で、小泉政権下で拉致被害者家族担当の内閣官房参与を務めた中山恭子氏の体験をお伝えした。２００２年に当時の小泉純一郎首相が訪朝し、５人が帰国した。外務省は１週間の滞在後、５人を北朝鮮に帰すつもりでいたが、中山氏は日本国政府の意思として全員を日本に残すべきだと主張した。

当然であろう。拉致被害者の誰も望んで北朝鮮に行ったわけではない。縛られ、袋詰めでさらわれた人々だ。日本国による救出をずっと待っていたのである。そしてようやく帰国できた人たちを、また北朝鮮に帰すなど、主権国家としてあり得ない選択だ。だから中山氏は「国家の意思の問題だ」と言明した。

すると事務所などに夥《おびただ》しい数の電話やファックスが舞い込んだ。「国家という言葉を使うのは

国粋主義者か」「国家という言葉を振りかざすのは右翼か」などという非難だった。国家の責務は国民を守ることにある。国民が拉致されれば取り戻す。にも拘らず、メディアも国民も官僚も、大半の政治家も「国家の意思」を否定するばかりだった。日本国は官民共に拉致被害者を救い出す責務を全く認識していなかったということだ。これでは拉致被害者救出は絶対にできない。

たった一人、中山氏の主張に耳を傾け、同意した政治家がいた。それが安倍晋三首相だった。当時官房副長官だった安倍氏は、5人を政府の意思で日本に残すと決断した。

それから15年、現在の日本で、「国家の意思」と言っても批判されることはない。むしろいまは、北朝鮮のミサイルや核の脅威を縫って国家として如何に国民を守るのかという議論がなされている。国家の意思はもはや禁句ではなくなり、その意味で、世界の常識がようやく日本に浸透し始めている。次に問われているのは、具体的にどう守るのか、日本に守る力があるのかという点だ。

完全にアメリカ頼み

この問いに、多くの人が第一に挙げる解決策が、日米安保条約を緊密にしてアメリカに守って貰う体制を確実にするということだ。私も国民の命を防衛する方程式を問われたら、その点を強調する。けれど、アメリカの抑止力、核の傘がいつまで頼りになるのかが危ぶまれるいま、日本はブレジンスキー元大統領補佐官の言う「事実上の被保護国」の立場から一日も早く脱け出さなければならない。そのためにも、国際社会の常識に比べて私たちの国がどれだけ「異常」か、普通のまともな国に比べてどれほど無防備で脆弱か、その厳しい現実を知ることが重要だ。政府は国民に日本の危機的状況を積極的にありのままに伝えなければならない。

8月29日に北朝鮮のミサイル「火星12」が発射され、北海道の上空を越えて太平洋上に落下した。そのとき、安倍首相はこう語った――「政府はミサイル発射直後からミサイルの動きを完全に把握して」いる。

国際社会は強く非難したが、金正恩労働党委員長は国際社会にさらに挑みかかるように9月3日には6回目の核実験を行った。大陸間弾道ミサイル（ＩＣＢＭ）搭載用の水素爆弾の実験であり「完全な成功だった」と「朝鮮中央テレビ」は報じた。

それから2週間もたたない9月15日、核兵器の運搬手段となる弾道ミサイルの発射実験にまたもや踏み切った。9月15日の火星12は8月より飛距離を１０００キロも伸ばし、高度は２００キロ上がって８００キロに達した。これで北朝鮮のミサイルはアメリカのグアムを攻撃することが可能になったと見られる。アメリカの苛立ちは高まり、アメリカ国民の58％が対北朝鮮軍事行動に賛意を示している。アメリカも危険に晒されているが、北朝鮮が完全に射程におさめているのは日本と韓国である。そこに新たなより脅威度の高いミサイルが発射されたのである。このときも安倍首相は「ミサイルの動きを完全に把握している」というコメントを出した。

自民党幹部は懸念する。

「日本が北朝鮮のミサイル発射を捕捉していたと言っても、アメリカと韓国の情報です。日本独力では、ミサイルが日本上空に接近してからでないと把握できず、遅すぎます」

9月８日の「言論テレビ」で小野寺五典防衛相は、陸上配備型イージスを導入すれば、日本の弾道ミサイル防衛能力は高まり、２基の導入で日本全域を守ることが可能だと語った。心強い話だが、実戦配備に3年はかかる。その間どうするのか。

前出の自民党幹部が語る。

「北朝鮮がミサイルや核についてどのように動いているのかを探るのは早期警戒衛星です。わが国にはこのような衛星はありませんから、完全にアメリカ頼みです。アメリカが情報を提供してくれなければ、いつミサイルが発射されたのか、その種類、方向、高度、ブースターが切り離されるタイミングなど、わが国だけでは判断できません。アメリカの協力があって初めて弾道ミサイルへの対処策も現実に考えることができるようになりますが……」

と次のように語る。

「いま弾道ミサイル防衛で一番活躍するのが海上自衛隊のイージス艦に積んでいるSM3というミサイルです。これは日本を攻撃するミサイルを撃ち落とします。しかし、これでさえ最高高度は500㌔です。北朝鮮が9月15日に発射した火星12は高度800㌔ですから、SM3では届かないでしょう」

高度1000㌔以上の改良型SM3を日米で共同開発中だが、実戦配備は21年までかかるというのである（9月16日付「産経新聞」）。

本当に日本を守れるのか

17年3月、自民党政務調査会は「敵基地反撃能力の保有」などを求める提言を発表した。飛んで来たミサイルは数発なら迎撃できても数十発も撃ちこまれれば防ぎ得ない。そこで国民を守るために、攻撃の兆候が確認できたら直ちに敵の発射基地を叩くことが望まれる。そこまでは憲法が認める自衛権の範囲内であり、これを認めようという提言だ。ここまではよいが、そのあとに、こう書いている。

「敵基地の位置情報の把握、それを守るレーダーサイトの無力化、精密誘導ミサイル等による攻撃といった必要な装備体系については、『現在は保有せず、計画もない』」と。

何たることだ。何を言っても何を議論しても、わが国には能力がないというそれだけのことではないか。能力を持とうという考えもないということだ。北朝鮮の核武装を受けて韓国やアメリカでは日本の核武装についての議論が活発化している。だが日本では非核三原則（核を作らず、持たず、持ち込ませず）を議論することにさえ強い反対がある。自分の国や国民を自ら守るという発想も気概も見られないのである。

9月17日、フジテレビ「新報道2001」で民進党の江田憲司氏は、三原則を議論することはその見直しに通ずると反対していた。しかし、三原則に拘《こだわ》れば、恐らく核を積んでいると思われるアメリカのイージス艦の日本寄港さえも不可能になる。そんなことで本当に日本を守れるのか。

このような疑問を皆で広く共有するところから、真の意味で日本国民を守る防衛策が生まれるはずだ。そのとき初めて、拉致問題も含めて日本の問題解決能力が強化される。

（2017年9月28日号）


【追記】

2017年9月3日の北朝鮮の核実験の威力を、防衛省は最終的に160キロトン《キロトン》とした。広島に落とされた原爆は15キロトン《キロトン》であり、実に10倍以上だ。同月8日に「言論テレビ」に出演した小野寺防衛相は「北朝鮮の通常戦力は第2次世界大戦時の中古みたいな兵器が主で、だからこそ、一点豪華主義で弾道ミサイルと核に集中的に資本投下してきた。移動式発射台も手にし、どこからいつ撃ってくるかが把握できない。危機は深まっています」と語った。

北朝鮮の最初の核実験は06年10月、金正恩氏の父親の金正日氏の時代だ。そのときの規模は０・８キロトンだった。以降10年間でさらに4回実験し、16年9月には能力を10キロトンに上げた。ところが、この１年で１６０キロトンに飛躍した。米露のメガトン級の核能力に比べれば、北朝鮮の核は大きなものではない。その点を押さえた上で突き止めておくべきは、一体どの国が北朝鮮の核ミサイル能力の開発を助けているのかという点だ。

小野寺氏は、スカッドミサイルを含めてミサイル技術の原型はソ連製ミサイルの模倣と見られるが、他の国から部品が入っている可能性もあると指摘した。

「ウォール・ストリート・ジャーナル」紙は17年9月7日、留学生を介しての核技術拡散の危険について報じている。国連安全保障理事会は16年、北朝鮮の国民に核やミサイルなどの専門的教育を施すことを禁じたが、現在も数百人の北朝鮮科学者が国外に留学中で、多くがハルビン工業大学など、中国の大学や研究所に在籍している。つまり中国は国際社会の合意に反して現在も核技術を拡散しているということだ。

中国による核技術の拡散は30年以上前に遡る。１９８２年に鄧小平政権が、イスラム圏とマルクス主義を信奉する社会主義独裁国に核と弾道ミサイル技術を拡散すると決定したのである。

具体的には、原子炉建設の秘密合意をアルジェリアと結んだ。ＣＳＳ－２ミサイルをサウジアラビアに売った。リビアや北朝鮮にも核技術を与えた。とりわけパキスタンの核開発は熱心に支援した。新疆ウイグル自治区ロプノールでパキスタンのために核実験まで代行してやったのである。

北朝鮮へのソ連の援助も確かにあった。たとえば86年に稼働した5メガワットの原子炉はソ連が燃料棒を供給して完成させたものだ。だが、北朝鮮が本格的な核・ミサイルの開発に突入し得たのは鄧小平氏の決定ゆえである。こうした事実は、たとえばレーガン政権下で国家安全保障会議のスタッフを務めた核の専門家、トーマス・リード氏らも明らかにしている。

北朝鮮が核を有し、北朝鮮をコントロールできるか否か、不透明で危険な状況に世界が陥ってしまった背景には、米露の圧倒的な軍事力を牽制しようとして、北朝鮮などに技術を拡散した中国の邪《よこしま》な意図があったのである。

リード氏は、北朝鮮を炭鉱のカナリアにたとえる。中国の意図を見極める上で非常に有用だからだ。中国に北朝鮮の核開発をやめさせる真剣さがあるかどうかは、中国が彼の国にどう対処するか、その行動によってはっきりするという意味だ。

政権担当の資格はありや、希望の党

北朝鮮危機の中で安倍晋三首相が衆院解散を宣言した。２０１７年9月25日夕方の記者会見で、首相はこの解散を「国難突破解散だ」と語った。

安倍晋三氏の自民党を選ぶのか、小池百合子氏の、名目上は希望の党だが事実上の民進党を選ぶのか、10月22日の選挙はわが国の命運を左右する政権選択選挙となった。

民進党代表の前原誠司氏は低迷する党勢の拡大を目標に、党全体を小池百合子東京都知事の手に委ねる決断をした。誰もが驚いた前原代表の決断に、しかし、民進党の全体会合の中では反対の声は出なかった。後述するように、このこと自体が私には驚きだった。

それにしても前原誠司氏はどんなことを期待して、１５０億円に上る政党交付金と６８０万票を有するといわれる労組、連合をつけて、小池氏に民進党を差し出したのか。前原氏が民進党全員の受け入れを小池氏に依頼したのに対し、小池氏は安保法制と憲法改正に賛成することという条件をつけて、一人一人の議員の選別をすると言い始めた。政策や価値観の基本的一致を重視する小池氏の姿勢は、ある意味、当然である。

と同時に、彼女はこの時点では間違いなく国政復帰を目指していたと思う。もっと言えば、都議会議員選挙での圧勝の延長線上に衆院選での圧勝を見据えて、希望の党の党首として総理大臣の地位を手に入れようと考えていたのではないか。自身が首相となったとき、安全保障や憲法は妥協の許されない重要問題となる。そのとき政策上の齟齬をきたさないための条件を、彼女はつけたのではないだろうか。

前原氏が、このような小池氏による「排除」の論理を予測して、民進党左派の切り捨てを目論んだとは思えない。だが、実はその作業こそ、前原氏に期待されていたことだった。

枝野幸男氏と代表の座を争ったとき、前原氏は民共共闘の見直しに言及した。だが、代表に就任してしまうと、その基本軸が揺らぎ始めた。民進党保守派の笠浩史氏らの離党はそれが原因だった。小池氏と希望の党が、これから民進党議員の選別をどのように進めるのかは定かではないが、民進党議員全員が希望の党にそっくりそのまま移ることはもはやない。

10月1日、枝野氏は、前原氏が「全員」新しい枠組みの中でやっていくと「あれだけ力強く」説明したので前原提案を了承したと語った。恨みがましい氏の主張が、小池氏に通ずるはずもないだろう。小池氏はこの件について問われ、「私は（前原氏に）考え方が一致する人と言ってきました」と語り、左派切り捨ての「排除の論理」を民進党が納得できないのは、民進党の側のコミュニケーションの問題だと言ってのけた。

結局、前原氏の詰めが大甘だったということだ。だがそれ故に見えてきたこともある。私はそれを民進党を考える上での貴重な教訓だと思う。

哀れな姿

民進党の全議員を対象にして、前原氏が自身の案を説明したとき、枝野氏が語ったように全員が納得したのである。小池氏の下に結集することに、少なくとも誰も反対せず、全会一致で了承したのだ。

私は民進党の支持者ではないが、同党の中の幾人かについては期待するところもある。枝野氏ら左派勢力の人々とは全く考え方は異なるが、それでも彼らなりの理論を展開する熱意や、彼らなりの筋を通そうとする姿勢には、一定の敬意を払ってきたつもりだ。

それが一体どうしたのだ。どの議員も皆、泥船から逃げ出すように、民進党を捨てようとした。そこまではよいが、逃げ出して身を寄せる先が小池氏である。議席を失えば議員ではなくなる。それがどれほど大変なことかは多少は理解しているつもりだ。しかし、民進党議員は、議席確保のためなら、なりふり構わないという哀れな姿を見せてしまった。

彼らにとって小池氏の下に走り込む大義は何なのか。反安倍、打倒安倍政権か。反安倍の理由は単なる好き嫌いではないだろう。政治家同士の、或いは政党間の戦いであれば基軸は政策であろう。ならば、安倍政権のどの政策が受け入れられないのか。

小池氏が掲げるのは安倍氏と基本的に同じく安保法制賛成、憲法改正賛成である。その小池氏と合流した民進党の全議員が安保法制に反対した。安保法制が成立した後も、つい先頃まで安保法制廃止を唱えていた。そんな人々が、いま安保法制を了とし、かつては日本の核武装にも言及した小池氏の下に結集しようというのか。

彼らが東京都議選のような大ブームの再来を期待したのは明らかだ。そこに行けば議席が確保できると考えたのであろう。政策の違いを物ともせずに議席確保に走る姿を見てしまったいま、野合とはこういうものかと実感する。小池氏の希望の党の実態はまさにここにあるのであろう。

若狭勝氏という人物も酷い。氏はこのところ希望の党を代表していくつかの報道番組に出ているが、安保法案採決のとき氏は欠席して反対したのではなかったか。その人物がいま、小池氏の右腕となり、安保法制に反対し続ける議員は排除するというのであるから、はて、面妖なことだ。

氏はその件について、法律の細部を取り上げ、かつて反対したことを正当化していた。だが、当時のあの場面で、日本が集団的自衛権の行使に全く踏み込まない道を選んだ方がよかったと、氏は考えているのか。とすれば、いま希望の党が掲げる安保政策とは全く合わないだろう。

小池氏の動きは日替り定食のように日々変わるために、明日、何が起きるかわからない。そうした中で、10月1日の今日という断面で大騒動から意味のある事象を拾うとすると、民進党の左派勢力が彼らなりにグループを形成しようとし、共産党がそれらの人々と連携するために門扉を開けて待っているということだ。

連合はどうするのか

大雑把に言えば、これで民進党が左右に二分される。次の問いは、では、連合はどうするか、である。680万票を有する巨大組織も、連動して左右に割れるとしたら、瓢箪から駒、大いに結構なことだ。

連合は少数派の自治労や日教組が、数の多い民間労組、たとえば電機連合などを支配してきた。体質の全く異なる官公労と民間労組が無理を重ねて連携を維持してきたのが連合である。

肌の合わない2つの労組群が共同歩調をとるなど、そもそも無理なのだが、一旦連携してしまえば、分かれるのは非常に難しい。しかし、希望の党に走る議員と別の道を歩む議員とに民進党本体が分裂すれば、連合も同様に分裂できるのではないか。もしそうなれば、希望の党と民進党のドタバタ劇にも歴史的な意義が付与されようというものだ。

今、私たちの眼前には北朝鮮有事が迫っている。現状のままでは、日本はこの危機に対応できないだろう。たとえば、10万人から30万人規模の難民が南北両朝鮮から日本に流入することが考えられる。韓国への脱北者の中に韓国政府転覆の密命を帯びた工作員が紛れ込んでいるのと同様、わが国にも難民にまぎれて工作員が流入する可能性は十分にある。

北九州や日本海沿岸の鳥取、島根、新潟、秋田など各県に万単位で押し寄せる難民は警察だけでは手に負えない。陸上自衛隊が主軸となって、仮上陸を許可し、衣食住を手当てし、身元調査、感染症対策などを施して、難民の安全と社会の安全を維持しなければならない。だが陸上自衛隊は14万人弱しかいない。北朝鮮有事の場合、彼らは軍事的任務もこなさなければならないのである。難民にどう対処できるのか。

日本は早急に法的、物理的な準備を進めなければならない。同時進行で米朝軍事衝突に関連して、軍事的役割も果たさなければならない。現在の安保法制を活用して、或いはそれ以上の法整備をして備えなければならないだろう。

このような事態が現実となる可能性が高い中で、希望の党が試されていくだろう。

（2017年10月12日号）

米国の日本核武装論の正体

アメリカのテレビネットワークＮＢＣは２０１７年10月４日午前、国務長官のレックス・ティラーソン氏がドナルド・トランプ大統領を「moron」と評し、辞任も考えていたと報じた。moron は idiot 同様、バカ者、或いは知能の低い者、の意味だ。

同日、ティラーソン氏は突然記者会見を開き、辞任は考えたこともないと否定し、トランプ氏を激賞した。トランプ氏もティラーソン氏への「全面的な信頼」を表明した。だが、アメリカのメディアは一斉に、ティラーソン氏がトランプ氏との政策上の対立ゆえに辞任する、或いは解任されるとの推測記事を報じた。

「ワシントン・ポスト」紙は５日、政権関係者19人への取材をまとめて報じたが、全員匿名で登場した19人は、国務長官は遅かれ早かれ辞任に追い込まれるという点で意見が一致していた。有力シンクタンク、外交問題評議会会長のリチャード・ハース氏は「政権内での意思の疎通がはかれないティラーソン氏は辞任すべきだ」とのコメントを出した。

ティラーソン氏の身の処し方は、対日外交も含めてアメリカの外交政策に大きな影響を与える。

トランプ、ティラーソン両氏がイラン核合意、ペルシャ湾岸諸国の覇権争い、パリ協定など重要問題で対立しているのは明らかだ。日本も深刻な被害を避けられない北朝鮮問題でも両氏の考え方は正反対だ。

9月30日、ティラーソン氏は訪問先の北京で「アメリカは北朝鮮政府と直接接触（direct contact）している」「アメリカには2～3のルートがある」として、北朝鮮との話し合い路線を強調した。

するとトランプ大統領が翌日のツイッターで「小さなロケットマンとの交渉は時間の無駄だ」とティラーソン氏に告げたと公表、「レックス、エネルギーを温存して、やるべきことをやろう」と呼びかけた。

前述の「moron」報道は、このやりとりの直後に出たことになる。

有事発生もあり得る

そうした中、上院外交委員長で共和党の重鎮の一人、ボブ・コーカー氏はティラーソン氏を高く評価し、国防長官のジェームズ・マティス氏、ホワイトハウスの首席補佐官ジョン・ケリー氏と彼の三氏のお陰でアメリカは混乱に陥らずにすんでいると語った（「ウォール・ストリート・ジャーナル」［WSJ］10月5日）。

伝統的な共和党の政策を重視する人々と、前例に全く縛られないトランプ大統領とのせめぎ合いである。

トランプ政権内の亀裂は外交・軍事政策にとどまらず、日本の核武装にも及ぶ。ひと月前の9月5日、ハドソン研究所研究員でバード大学教授のウォルター・ラッセル・ミード氏がWSJに、日本の核武装についてトランプ政権の考え方が二分されているとの論説を寄稿した。第一の勢力は日本の核武装はアメリカの国益だと考えるトランプ氏自身で、日本が核武装すれば韓国も台湾も日本に倣い、アメリカの軍事費は削減され、中国に対してより強固な抑止力を構築できるという考え方だ。

ここで私たちが忘れてはならないのは、北朝鮮の核に対して日韓両国は自前での核保有をひとつのオプションとして考えよと大統領選挙で主張したトランプ氏を、アメリカの有権者が選んだという事実だ。

トランプ大統領にも強い影響を与えている「アメリカ第一主義」の元祖がパット・ブキャナン氏である。氏は、アメリカが考えるべきこととして、ざっと次のようなことを書いている。

GDPで日本は北朝鮮の100倍、韓国は40倍。北朝鮮はGDPの25%を軍事費に回し、韓国は2・6%、日本は1%だ。日韓両国は対米貿易で巨額の利益を得ながら、アメリカに、隣の小国である北朝鮮の脅威から守ってくれと言う。眼前の北朝鮮危機が一段落するとき、日韓両国はアメリカ同様、国防の努力をせよ。自力で核抑止力を持て。そうすることで中国のアジアを席巻する勢いも止まる。

このような考え方にトランプ氏は影響を受けていると思われる。

これに対して、ミード氏の言う第二の勢力は、日本のみならず、韓国、台湾の核武装にも反対する人々だ。アメリカが核の傘を担保し、現状維持で核拡散を防げという意見だ。

ティラーソン、マティス、ケリー三氏らがこの第二勢力に当たる。しかし、彼らは閣僚で、人事権を持つのはトランプ氏だ。両者間に齟齬がある場合、最終的に任命権者のトランプ氏の判断が優先されるのは明らかだ。従って、北朝鮮には話し合いではなく強硬な軍事戦略が選択され、日本には核保有のオプションを含む国防力の顕著な強化が要求される可能性も考えておかなければならないだろう。

北朝鮮情勢は日々変化している。年末或いは２０１８年の年明け早々までには状況の大激変もあり得る。そのとき日本は国として国民を守れるのか。行動できるのか。ミード氏は、数か月で核爆弾を作る能力を日本は有していると書いた。技術的にはそうかもしれない。しかし日本国民は憲法の一文字を変えることにさえ後ろ向きのまま70年を過ごし、今日に至る。核武装を日本人が許容することなど予想できない。

安倍自民党しかない

日本人の究極のパシフィズム（平和主義）を見透かしたかのようなアメリカの日本核武装論は、同盟国日本に対する究極の軽視の表現にも思える。ミード氏も含めてアメリカの戦略研究家の多くは、日本の核武装を対中カードとして利用しようとする。北朝鮮が核保有国になれば、日本は防衛のために核武装する。日本の核保有は中国への大きな脅威となる。日本をとめるために中国の影響力で北朝鮮の核・ミサイル開発をやめさせろという論法である。

価値観を共有し、信頼関係を築いてきた同盟国日本の核武装を阻止するために、政治体制も価値観も異なり、「偉大なる中華民族の復興」を掲げる野望大国、中国と手を結ぼうというのが、日本核武装に関してのアメリカの姿勢である。同盟国の核武装をあってはならないことのように位置づけ、中・長期的に見て事実上の敵である中国と協力するというアメリカに、日本は正面から提言すべきだ。

日本はアメリカの誠実な同盟国だ。これからもそうありたいと願っている。国際社会にも誠実に貢献してきた。日本は侵略戦争をしない。憲法を改正するのは、強固な軍事力を整備して日本国民を守り、世界に貢献するためだ。強い日本はアメリカの国益でもある。核武装も含めての議論こそ、北朝鮮への抑止力となる、と。このように議論できる信頼関係を、日米両国はすでに築いているはずだ。

10月の総選挙は、こうした危機的問題にどう対応すべきかという国家としての根本を問う選挙だ。北朝鮮有事近しという状況下で日本国民の命と日本を任せられるのは、事実上の旧民進党と小池百合子氏ではあるまい。安保法制反対の枝野幸男氏でも、日本共産党でもあるまい。やはり安倍自民党しかないであろう。

（2017年10月19日号）

北朝鮮有事近しか、政府高官が緊張

米朝間の緊張は緩む気配がない。朝鮮半島有事が現実のものとなる日が近いことが読みとれる。政府中枢にいる人物が匿名で語った。

「米軍の攻撃は、この2017年の年末から18年早々だと思います」

同じく匿名で自民党幹部も語った。

「米軍の攻撃は2日で完了すると、日本に伝わってきています」

別々に取材した両氏の証言は、アメリカの北朝鮮攻撃が近いことを告げている。軍事攻撃がないと断言できるのは、ドナルド・トランプ大統領が11月5日から日本、韓国、中国を歴訪し、ベトナムのダナンでAPEC首脳会議に出席するなどして帰国する11月中旬までであるという点で一致する内容だった。無論、こうした見通しが現実のものとなるか否かは、わからない。

アメリカはそれまで外交交渉で、金正恩朝鮮労働党委員長が核兵器とミサイルを放棄するよう働きかけてきた。だが、アメリカの望む結果が得られない場合、北朝鮮情勢は「未知の領域に入る」と、政府高官は断言する。つまり北朝鮮有事は、早ければ11月半ば以降にもあり得るのだ。

アメリカでは、9月18日にジェームズ・マティス国防長官が、ソウルを無傷のまま守りながら北朝鮮を攻撃できると断言した。トランプ大統領は10月1日、北朝鮮との外交交渉に言及したレックス・ティラーソン国務長官に対し、「小さなロケットマンとの交渉は時間の無駄だと伝えた」とツイートした。

他方日本では、9月8日、インターネット配信の「言論テレビ」で小野寺五典防衛相が敵基地攻撃について詳しく語った。氏は自民党の弾道ミサイル防衛に関する検討チームの座長として、敵基地攻撃に関する党の案をまとめている。

「従前の専守防衛論は戦闘機や爆撃機が飛来して、或いは軍艦が近寄ってきて攻撃する、それに対して日本を守るというのが前提の議論でした。しかし、自民党は弾道ミサイルを撃ち落とすことも専守防衛の一環だととらえました」

核攻撃もあり得る

弾道ミサイルが北朝鮮から日本に撃ち込まれる場合、発射から最短6分で到達するという。最大速度は秒速にして3㌔、音速の9倍にも達する。凄まじい速度で日本に向かってくるミサイルを一番撃ち落とし易いのはどの時点か。小野寺氏が語る。

「いま、日本が撃とうとしているのは、ミサイルが高く上がったあと落下してくるところです。しかし、これはむしろ狙いにくいのです。落下してくるところは他の軌道におけるよりも速度が速い。狙い易いのは、ミサイル発射前か、発射後のブースト・フェーズ、ミサイルがグーッと上がってくるところです。ゆっくり上がってきますから、ここが一番撃ち落とし易いわけです」

「日本に飛んでくるミサイルを食い止めるのが専守防衛で、たまたまそれが発射前には北朝鮮の領土にある。発射後のブースト・フェーズでは北朝鮮の領空にある。これを落とすには、北朝鮮の領土に届く装備が必要になります。このことを議論すべきだというのが自民党の考えです」（同）

相手から撃たれ、犠牲が出てはじめて反撃が許されるのが専守防衛であるとの解釈では到底、日本を守り切れない。実際に北朝鮮のミサイル攻撃、核攻撃もあり得る中で、自民党の議論は現実的である点を評価したい。

ただし、安倍首相は自民党が提言した能力や装備については、現在のところ、保有は検討しないとしている。

他方、小野寺氏はこうも語った。

「相手の日本攻撃の意図が明々白々であるとき、攻撃の手順に着手した段階で、武力攻撃を受けたと事態認定をすれば、自衛隊に武力行使を下令できる。これが、歴代内閣の考えです」

こうした中、いまアメリカでは「着手論」が議論されていると、前出の政府高官が指摘した。

9月の段階でアメリカ世論の58％が北朝鮮への軍事行動を支持していたが、米軍は伝統的に先制攻撃よりも、攻撃を受けて反撃する傾向が強い。パールハーバーも、日本に先に攻撃させるように意図的に流れを作ったと、著名な歴史学者、チャールズ・ビーアドも指摘している。

「先制攻撃のイメージを避けたいアメリカが着手論を言い始めています。これは自国への攻撃が明白になり、敵が攻撃の手順に着手したと判断したとき、反撃が許されるという考えです。何を自国への攻撃と見るかは、その国の判断です」と、政府高官。

日本は北朝鮮有事にどう対処するのか、自民党で議論された敵基地攻撃を可能にする装備などは予算措置をとっているのかと質問すると、この人物は明言した。

「北朝鮮のゴールは遠くないのです。この暮れにも、18年早々にも緊急事態があり得るのです。先のことを考えて手当てするという猶予はないのではないでしょうか」

安倍首相は10月22日の総選挙を国難突破の選挙だと宣言した。そのような展開になりつつある。北朝鮮に関するアメリカの狙いはこの国から核を取り除くことだ。核の排除に金正恩氏が抵抗する場合、アメリカが正恩氏の斬首作戦を決行することもあるだろう。その後はどうなるのか。

拉致被害者を救出

まず、北朝鮮有事で日本は何を目指すのか。まっ先に横田めぐみさんをはじめ拉致被害者を救出することだ。この件の担当は外務省だが、彼らの手元に拉致被害者についての情報はない。アメリカにも恐らく、ない。一人一人がどこにいるのかを把握することなしには、救出作戦は不可能である。厳しい現実の中で、国民を救出することさえできない日本の現状を如何にして変えていくか、私たちは日本国民の責任として考え、実行しなければならない。それは究極的には憲法改正につながるはずだ。

もう一点、日本が北朝鮮有事の先に見据えるべきは、中国の脅威である。

「中国は北朝鮮問題に世界の注意が集まるのを歓迎しているでしょう。しかし、北朝鮮問題は中国問題なのです」と、高官氏。

中国はいま、ソマリア沖の海賊対策を名目に、インド洋からアラビア海にかけての海洋調査を行っている。中国がアメリカの空母に対処するひとつの手段が潜水艦の活用である。71隻以上保有しており、それを世界の海に潜航させてアメリカの動きを牽制する。
潜水艦の展開にはしかし、海の調査が欠かせない。海底の地形は無論、海流、水温、塩分濃度などを季節要因も含めて把握しておかなければならない。それを中国は各国の眼前で堂々と行っている。
「彼らは日本周辺の海域でも同様の調査に余念がありません。日本もアメリカも、インドもオーストラリアも皆、中国の意図を読みとっています。世界に覇権を打ち立てようと、一歩ずつ実行する中国の前で、日印米豪の連携は着実に進んでいます」
22日の選挙は、小池百合子氏ら野党の言うモリカケ隠しなどという「しょぼい」話ではない。北朝鮮危機、中国の脅威に軍事的にも対応し、国と国民を守れる国になるための選挙なのだ。

（2017年10月26日号）

【追記】

結論から言えば、小池百合子氏は「排除します」という発言がひとつのきっかけとなって失速した。「希望の党」に入れてもらえなかった枝野幸男氏らは「立憲民主党」として選挙を戦い善戦した。一方、「希望の党」は惨敗した。小池氏が心中深く思い描いていたと思われる国政復帰、さらには初の女性総理への道も閉ざされた。2018年5月になり、参議院を中心に残っていた「民進党」と「希望の党」の多くが合流して「国民民主党」を結成した。こうして民進党は立憲民主、国民民主の2党に加えて無所属で活動する人々などに分裂した。立憲民主はかつての日本社会党に相当する左派路線を掲げ、国民民主は自民党に是々非々で対峙しようとしている。無所属になった人々は各々の主張を展開し始めたが、大事なことは、国際情勢の大激変を受けて、日本がどのように国益を守り、国民・国土を守っていけるかである。国益を置き去りにして安倍首相に「モリカケ疑惑」をつきつけるだけでは党勢拡大は無理であろう。

第4章　米中から目を逸らすな

日本の悪夢、米中の大取り引きはあるか

2017年11月5日からドナルド・トランプ米大統領がアジアを歴訪する。北朝鮮情勢が緊迫する中で最も注目したいのが中国訪問である。

わが国は10月22日の総選挙で、安倍自民党が圧勝し、憲法改正に取り組む枠組が一応整った。中国でも同じ時期、習近平国家主席が第19回中国共産党大会を乗り切った。自身への権力集中で専制独裁者並みになった習氏に、トランプ氏はどう向き合うのか。アメリカは価値観の旗を掲げ、公正な秩序の形成と維持に貢献し続けられるのか。トランプ・習会談は、間違いなく、アジア、とりわけ日本の命運を大きく左右する。

気になる記事が10月27日号の米「ニューズウィーク」誌に掲載された。同誌や雑誌「タイム」の執筆者として知られるビル・パウエル氏による米中関係の分析である。

トランプ大統領が北朝鮮問題で中国と「大取り引き」(grand bargain) するのではないかというのだ。氏の分析はヘンリー・キッシンジャー元国務長官が10月にホワイトハウスを訪れたことに端を発している。

キッシンジャー氏の親中振りは周知のことだ。「年老いて体力も弱まったキッシンジャー氏が

ホワイトハウスに入ったそのタイミングが重要だ」と、パウエル氏は書いた。トランプ政権がアジア歴訪を前にアメリカのアジア政策を検討している最中に、大統領に助言する意味は大きい。

パウエル氏の書く中国との大取り引きとは、①中国はあらゆる手段を用いて金正恩氏に核計画を諦めさせる、②アメリカが検証し納得する、③アメリカが北朝鮮を正式に認め経済援助する、④在韓米軍2万9000人を撤退させる、である。

在韓米軍の撤退は北朝鮮だけでなく、中国にとっても願ってもないことだ。反対に、韓国の安全にとっては危険を意味し、日本にとっては最悪の事態である。

米中のこのような取り引きの前提と見做されているのが、ティラーソン国務長官が繰り返し表明してきた「4つのノー」の原則である。

つまり、①北朝鮮の政権交代（レジームチェンジ）は望まない、②北朝鮮の政権は滅ぼさない、③朝鮮半島統一は加速させない、④米軍を38度線の北に派遣しない、である。

米韓同盟は消滅する

米軍が北朝鮮に入らない、北朝鮮における中国の権益も侵害しないと言っているのである。中国側が4つのノー政策に強い関心を寄せるのは当然だ。いま北京を訪れるアメリカの要人は皆、4つのノー政策に関して国務長官はトランプ大統領の承認を得ているのか、どこまで真剣な提案なのか、トランプ大統領はこれを正式な政策にするのかなど、質問攻めにあうそうだ。

キッシンジャー氏はティラーソン氏とは別の表現で、アメリカは中国の思いを掬い上げるべきだとの主張を展開している。たとえば17年8月11日の「ウォール・ストリート・ジャーナル」紙への寄稿である。その中で氏は、年来のアメリカの対北外交は全く効果を生んでいない、原因は「米中の目的を融合させることができなかったから」だと指摘している。

米中は核不拡散で原則的に一致していても、各々の主張の度合は異なるとして、キッシンジャー氏は中国の2つの懸念を説明している。ひとつは北朝鮮の分裂または混乱がもたらす負の影響への恐れである。もうひとつは、半島全体を非核化したい、国際社会の合意形成はともかくとして、朝鮮半島全体を非核化地域として確定したいという中国の思いについての指摘だ。

ティラーソン氏の4つのノーに従えば、米軍は朝鮮半島から撤退する、即ち米韓同盟は消滅する。当然、中国の影響力は格段に強まる。アメリカはそれを受け入れ、さらに朝鮮半島からの難民の流入や多くの少数民族への影響を中国が恐れていることに留意してやるべきだと、キッシンジャー氏は言っていることになる。

氏の中国への配慮は非常にきめ細やかだが、日本に対してはどうか。朝鮮半島の非核化を固定化したいという中国とそれに同調するキッシンジャー氏の頭の中には、その先に、日本には未来永劫、核武装を許さないという信条がある。この寄稿を読んで、私は1971年に極秘に中国を訪れたキッシンジャー氏が周恩来首相に、在日米軍は中国に向けられたものではなく、日本の暴走を許さないための配備だと語っていたことを思い出した。日本人としては興醒めの話である。

斯様にキッシンジャー氏は中国の主張を代弁しており、同じようなことをトランプ大統領にも助言したはずだ。

北京の代弁者としてのキッシンジャー氏が中国政府にとって如何に重要な人物かは容易に推測できる。そのことを示すスピーチが、2017年6月にロンドンで行われていた。

最悪の事態

マーガレット・サッチャー元首相の名を冠した安全保障関連のセミナーでのことだ。氏はサッチャー氏の先見性のある戦略論を讃えた後、中国について論じ、習氏を20世紀初頭の大戦略家、ハルフォード・マッキンダーに取って代わる存在と位置づけた。一帯一路構想で、習氏は世界の中心を大西洋からユーラシア大陸に移行させたと持ち上げた。古代文明、帝国、グローバル経済と発展した中国が、西洋哲学とその秩序に依拠していた世界を、新たな世界へと転換させていると評価した。

驚きである。キッシンジャー氏のスピーチは、第1次世界大戦で台頭し、世界の超大国に上り詰めたアメリカが、約100年、パックス・アメリカーナで世界の秩序を作り、守ってきたが、いま中国が取って代わろうとしていると、事実上、言っているのである。しかも、大いに歓迎する意味で賞賛しているのは親中派の面目躍如か。

氏はさらに語っているのだが、その内容に私はなおさら驚いた。

「この進化は中国の過去半世紀間での3つ目の大転換だ。毛沢東が統一を、鄧小平が改革を、習近平が2つの100年を通して中国の夢を実現しようとしている」

中国共産党創立100年に当たる2021年、中華人民共和国建国100年に当たる2049年、この2つの100年で、中国はそれまでの人類が体験したこともないほど強力な国家となり、国民一人一人にとって並び立つものがないほど豊かな富を実現すると、中国の未来を描いている。

共産党大会で中華民族の復興の夢を3時間余りも語った習氏の主張と、キッシンジャー氏の演説は重なっている。高揚した気分も同様だ。注目すべきは、キッシンジャー氏のスピーチが6月27日に行われていることだ。習氏の第19回共産党大会での演説は10月18日であるから、習演説の4か月も前に、その内容を先取りして行われている。氏は習氏の考え方の全容をずっと前から聞いていたのだ。

国家基本問題研究所の田久保忠衛氏が語る。

「習体制と一心同体のようなキッシンジャー氏が、トランプ氏がアジア外交を考えている最中にホワイトハウスに招かれ耳打ちをした。米中関係がキッシンジャー氏の思い描く方向に行けば、米朝の軍事衝突などあり得ない。日本は取り残され、拉致被害者救出も含め、中・長期的に出番はないでしょう。日本にとって最悪の事態です」

日本政府中枢で、アメリカによる北朝鮮への軍事攻撃、金正恩氏の斬首作戦もあり得るとして緊張感が高まる一方で、米中政府中枢には全く別の戦略もあるということだ。米中が結べば、北朝鮮はその中で中国に守られながら生き残る可能性がある。そのとき日本はどうするのか。自力で国も国民も守れないのが日本である。もう遅いかもしれない。それでも、強調したい。一日も早く、独立不羈《ふき》の精神を取り戻し、憲法改正を実現することだ。それが安倍晋三首相の使命である。

（2017年11月9日号）

めぐみさん拉致から40年、母の想い

北朝鮮相手の過去20年余の交渉の歴史は常に北朝鮮の騙し勝ちだった。拉致問題の解決も非常に厳しい。解決の可能性があるとすれば、それはやはり、安倍政権下でのことだろう。

２０１７年11月６日、横田早紀江さんら拉致被害者10家族17人の皆さんがドナルド・トランプ大統領と面会した。同日の夕方、早紀江さんと電話で語った。彼女の声がかすれている。

「主人がいまデイケアから戻ってきました。ソファで一休みしてもらっています。私も大統領や総理とお会いして先程戻ったばかりです」

めぐみさんがいなくなって来週の15日で40年だ。北朝鮮による拉致が判明し、家族会を結成してから20年、13歳のめぐみさんが53歳になり、早紀江さんも滋さんも年を重ねた。長い年月の余りにも多くの悲しみや絶望、怒りや祈りが、横田さん夫妻の健康に影を落とす。そうした中、早紀江さんはトランプ大統領に伝えたという。

「国連で拉致問題を取り上げ世界中に発信して下さったことに本当に驚き、感謝したこと、ご多忙の中で私たち家族にお会い下さって心からお礼を言いたかったことを話しました。一人１分が目途でしたので、私はその２点を申し上げました」

トランプ夫妻も安倍晋三夫妻も、非常に近い距離で車座になるような形で話を聞いてくれたそうだ。トランプ大統領はめぐみさんの弟の拓也さんが持っていた写真を手に取り、メラニア夫人と共にずっと見入っていたという。

早紀江さんの次に曽我ひとみさんが今も行方のしれない母のミヨシさんについて語った。拉致被害者本人の話をアメリカの大統領が聞くのは初めてのはずだ。

「トランプさんはテレビで見るような猛々しいイメージの人では全くありませんでした。むしろ、とてもあたたかい、家族想いの人だと感じました。大統領も夫人も大きくて、152センチの私はまるで小人のように感じました」と、早紀江さん。

「北朝鮮は悪魔の国」

早紀江さんは、これまで3人のアメリカの現職大統領に会っている。ブッシュ、オバマ、そして今回のトランプの各大統領だ。ブッシュ大統領にはホワイトハウスに招かれた。明るい性格で、早紀江さんを「マム」と呼び肩を抱き寄せた。

オバマ大統領とは東京の迎賓館で会った。中々姿を見せず会談は遅れて始まったが、オバマ氏は最後まで立ちっ放しで語った。冷静で感情を表に出さない人、という印象を残した。

トランプ大統領はそうした中、国連でのスピーチで拉致問題に言及するなど、これまでよりも心情的に多くを共有してくれている印象だ。

「めぐみちゃんの拉致からここまで必死で来ましたが、長い道のりですね。北朝鮮は悪魔の国です。向こうの国民も可哀想です。私は何十年も同じことを訴えてきました。最初は聞いてもらえませんでしたが、今、アメリカの大統領も耳を傾け、世界に発信して下さいます。北朝鮮の異様な在り方も世界の前に、明らかになってきました。この40年は信じ難いほど、長かったのですが、ここまで来るのに40年が必要だったということでしょうか」

早紀江さんは自身の人生を宿命だと受けとめているという。めぐみさんの人生も同じく宿命だと早紀江さんは考える。そのうえで大変な人生だと、深い息を吐くように語った。

早紀江さんも他の家族の皆さんも、トランプ大統領には肉親を奪われた一人の家族としての思いを伝えたという。この点について、20年間拉致問題に関わり続けてきた「救う会」会長の西岡力氏が語った。

「アメリカの圧力は日本にとって大きな支援ですが、家族の皆さんはよく理解しているのです。拉致問題はアメリカの問題ではなく、あくまでも日本の問題だということを。従って、大統領には拉致問題の深刻さを聞いてもらうのがよいのであり、アメリカ政府に何かしてほしいと頼むのは筋違いだと、皆さん認識していました。その意味では、家族の皆さん方は本当に立派な大人であり、立派な日本人です」

これまでアメリカの大統領が家族に会うとき、日程はギリギリまで発表されず、家族も待たされた。だが、今回は違った。大統領の正式日程に、安倍晋三首相主催の家族との面会の席に参加すると明記されていた。家族との面会が、自衛隊や在日米軍と会うのと同列の公式行事になったのだ。これだけで北朝鮮には大きな圧力となる。再び西岡氏が語る。

「このように正式な形で家族の話を聞こうという気持ちにトランプ大統領がなった。そういう気持ちに安倍首相がトランプ大統領をさせた。これは重要なことです。これで、たとえば追い詰められた金正恩が、或いは金正恩を除去した次の政権が、核よりも拉致を先に解決したいと言ってきたとき、日本政府は核解決の前に拉致解決で動くことができます」

日本独自の制裁

これまでは核が解決されていないのに拉致問題で日本が動けば、アメリカは日本が裏切ったと疑う可能性があった。だが、ここまで大統領に家族の声を聞いてもらえば、そのようには考えないだろうというのだ。

加えて、日本が北朝鮮の核問題でアメリカの意図に反する行動をとることは、理性的に考えればあり得ない。北朝鮮の核は、アメリカ以前に日本にとってより深刻な脅威であるからだ。

これから嵐が吹き荒れるかもしれない北朝鮮問題で、拉致解決につながるどんな細い道筋も、日本政府は逃すことはできない。安倍首相はその細いひと筋の、解決への道をたぐり寄せるためにアメリカをはじめとする国際社会を動かして強い圧力をかけ、金正恩氏が命乞いをしてくるところまで追い詰めようとしてきた。

こう書くと、朝日新聞などは、即、「もっと北朝鮮と話し合うべきだ」と主張するのであろう。だが、16年9月に安倍首相が国連で行った演説を読んでみることだ。1990年代前半以降、今日まで、日本のみならず世界が北朝鮮に騙されてきたことを、具体的にきちんと説明している。首相の、事実を踏まえた説得に、世界が納得して制裁を科したのだ。

6か国協議などで、北朝鮮の言葉を信じて資金や石油を渡してきた。その結果、94年段階で核も弾道ミサイルもなかった北朝鮮がいま、水爆とICBMを手にしようとしている。であれば、解決の道はもはや話し合いにはない。圧力で北朝鮮に悟らせるしかない。自身の命を守るには核とミサイルを諦め、拉致被害者を日本に戻すしかないと、金正恩氏に悟らせるところまで追い詰めることが必要なのだ。安倍首相は11月6日、北朝鮮の35団体・個人を特定して資産凍結するという、日本独自の制裁を加えることを明らかにした。それがめぐみさんたちを救う道だと思う。

（2017年11月16日号）

習近平皇帝に屈服、トランプ大統領

トランプ敗れたり。

これが北京での米中首脳会談、それに続くベトナム・ダナンでのアジア太平洋経済協力会議（APEC）におけるドナルド・トランプ、習近平両首脳の発言を聞いての思いである。

私たちの眼前で起きているのは、米中どちらが世界のルールメーカーになるかの、熾烈な闘いだ。かつて東西の冷戦でアメリカはソ連に勝利した。いま米中の闘いは米ソのそれのようにイデオロギーで割りきれる単純なものではない。

どれほど中国のやり方が嫌でも、どうしても切り離せない所まで相互に織り込み合った経済関係の中に世界全体がある。しかし掲げる価値観はあくまでも相容れないという状況下で、米中どちらが覇権を奪うかは周辺諸国にとってこの上なく深刻な問題だ。アメリカにとっては超大国の座と国運を賭けた闘いである。

この闘いの真の意味を理解しているのは中国側であろう。トランプ氏以下、大統領に助言を与え続けていると思われるヘンリー・キッシンジャー氏も含めて、アメリカ側はそのことについて理解が及んでいないのではないか。危機感が足りないのではないか。従ってアメリカには大戦略がない。あるのは眼前の利害を重視する戦術だけである。

中国で盛んに喧伝されているのが「中国5000年の歴史」である。中国共産党と習政権が作り上げる新たな歴史物語は、国民を鼓舞し、中国共産党の権威を高めるために是非必要なフィクションだ。中国の歴史が他国が到底及ばない規模であるためには、5000年でなければならないのである。トランプ大統領はアメリカの歴史の20倍以上も長い中国の歴史について聞かされ、壮大な建築物や見事な歴史遺産を見せられ、さぞ、印象を深めたことだろう。

国賓以上のもてなしはトランプ氏を圧倒的に魅了するためであり、紫禁城の貸し切りも、習夫妻直々の案内も同様だったはずだ。

歯の浮くような賛辞

加えて、中国は28兆円に上る種々の契約を提示した。この額は、ディール好きで、ディールの名人と自称するトランプ氏の心を摑んだことだろう。確かに誰しもが驚いた。だが、すでに始まった詳細な分析では、28兆円は以前に契約した取引を含めた累計で、その衝撃的な数字は真水の数字ではないこと、割り引いて考えなければならないこと、種々の契約が確約されたと考えるのも楽天的にすぎることなどが指摘され始めた。

全容の実態はまもなくわかるはずだ。しかし実態を確かめる前にトランプ氏は明らかにこの額に目が眩《くら》んでしまった。訪中2日目の11月9日、人民大会堂での米中首脳の共同記者会見は、両首脳の姿勢の違いと共に、トランプ氏が目眩ましをくらったことが明らかになった場面だった。

習氏は一帯一路の経済効果と未来に及ぼす大きな影響について説き、太平洋は米中2か国を容れるに十分な大きさの海だと述べた。今更指摘する必要もないが、これは中国が年来求めてきた大戦略、「新型大国関係」と「太平洋分割統治論」の繰り返しである。中国側はあくまでも米中で世界を仕切る体制を作りたいのだ。太平洋を真ん中で分けて、アメリカは東太平洋にとどまり、中国が西太平洋からインド洋の覇権を握るということだ。その先に、中華民族が世界の諸民族の中にそびえ立つ日を目指していることを、習氏は先の共産党大会で述べている。

記者会見で習氏は、両国は双方の国からの亡命者の避難の地となってはならないという点で一致したとも述べた。これは大変なことだ。中国の民主化を求める人々、民主化運動に参加した結果、中国にいられなくなり、アメリカに逃れた人々にとっては深刻だ。アメリカが思想信条の自由を守る砦としての役割、亡命者の受け入れを拒否するのかと疑わせる。

習主席が中国の戦略に従って主張し、取るべきものを取ったと思わせる演説をしたのに対し、トランプ大統領は習氏への賛辞に終始した印象だ。無論、トランプ氏は北朝鮮、麻薬、経済、知的財産権などについても言及したが、28兆円に喜んだ結果、個々の問題には深く立ち入らずに、サラッと通り過ぎた印象は否めない。発言の最初と最後には習氏に歯の浮くような賛辞を贈っている。

「中国国民は自分たちが何者であるか、何を築き上げてきたかについて誇りを抱いている。彼らはまた、あなた（習氏）のことを、非常に誇り高く思っている」

このような賛辞の連続を聞けば、トランプ氏は本当に習氏に心酔してしまったのかと感じさせられる。

北京からベトナムのダナンに移ってＡＰＥＣで行ったトランプ氏の演説は耳を塞ぎたくなるお

粗末さだった。ここで期待されていたのは、国際法を無視して南シナ海をわが物顔に占拠し軍事拠点化し、ＡＳＥＡＮ諸国に分断政策を適用して、彼らの抗議にまともに対処しようとしない中国に対して、アメリカが抑止力を発揮してみせることだった。アメリカが国際法を擁護し、法による秩序の確立を主張し、問題の解決に武力ではなく平和裡の多国間協議を以てし、航行の自由を守り、どの国も安心して南シナ海で活動できるように、最終的には軍事的手段も用いて主導権を握る決意を示すことが期待されていた。

トランプ氏のアジア歴訪直前に、ティラーソン国務長官はインド・太平洋の平和構築について語った。日本、インド、オーストラリアと共にアメリカは広大なインド・太平洋圏の擁護者にならなければならないという主張である。

危機感と戦略的思考の欠落

２０１６年に安倍首相がアフリカ開発会議（ＴＩＣＡＤ）で提唱した考えをティラーソン氏がなぞったのである。アメリカ国務省が安倍首相の提言を取り込み、それをトランプ大統領も口にした。日本の首相の外交・戦略論をアメリカが採用したことは未だかつてなかったことで、もし、トランプ政権が本気でインド・太平洋圏構想の実現に注力するのであれば、中国の一帯一路やＡＩＩＢよりはるかにすばらしい大戦略をこちら側が構築できる。その意味でもトランプ氏の発言が注目された。

しかし、トランプ演説には、アメリカに相応《ふさわ》しい世界戦略など、その一片もなかった。トランプ氏は、これ以上の不公平な貿易や不条理な赤字には耐えられないなどと繰り返し、ひたすらアメリカの利益について語ったのみだ。インド・太平洋という言葉は登場はしたが、肉付けとなる具体策は示さなかった。何よりも足下の危機である南シナ海については、その固有名詞は遂に一度も登場しなかった。危機感と戦略的思考の欠落を明らかにする形でトランプ氏の演説は行われた。

内向きになりつつあるトランプ氏とは対照的に習氏は広く門戸を開くこと、国際協調の重要性を指摘した。語った言葉だけを聞けば、習氏の方が世界の指導者たる資格を備えているように思える。これ以上の皮肉はないだろう。言葉とは裏腹の中華思想の世界に、私たちは引き込まれていってはならないのである。

（２０１７年11月23日号）

米外交の敗北はキッシンジャー氏の助言か

２０１７年11月の米中首脳会談を、世界の多くのメディアが「アメリカの敗北」だと断じた。単にドナルド・トランプ大統領が習近平国家主席に敗北したのにとどまらず、世界の大潮流が変化を遂げてゆくとの予測ばかりだ。

インターネット配信の「言論テレビ」で、国家基本問題研究所副理事長の田久保忠衛氏は、トランプ氏のアジア歴訪を「大国の自殺」と表現した。

「実はこの表現はワールド・ポストに寄稿したリチャード・ヘイダリアン氏の記事に出てきます。アメリカが孤立主義に向かい、中国が21世紀は『アジア人のためのアジア』を基本に新しい地域秩序を形成すべき時だと主張し始めました。アジアからアメリカを排除する考えを公然と打ち上げた。それでもアメリカは対抗する戦略を打ち出し得ず、その地位は崩落しつつある。大国の自殺が起きているというわけです」

トランプ氏訪中でアメリカ外交が目に見えて揺らぎ始めた理由のひとつに、トランプ氏に助言するヘンリー・キッシンジャー氏の存在があるだろう。田久保氏が語る。

「トランプ氏は米中首脳会談の後、習近平氏をベタ誉めし、中国政府の接遇を賞賛しました。これをトランプ氏の単純さと見るか、キッシンジャー氏の助言が功を奏したと見るか。私は後者の可能性が大きいと見ています。中国はトランプ氏に国賓プラスアルファの手厚いもてなしをしました。キッシンジャー氏は、中国は面子を重んじる大国であるから、特別待遇には素直に乗った方がいいと、トランプ氏に助言したと思います」

田久保氏のキッシンジャー分析は、ニクソン研究を踏まえたもので奥深い。氏の説明だ。

「ニクソンは回顧録でキッシンジャー氏をソ連問題専門家として、米ソ関係に彼ほど精通している人物はいないと評価しているのですが、反対に中国については何も知らないと手厳しいのです」

中国問題では素人同然

ニクソン氏は1971年7月、キッシンジャー氏を密使として北京に送り込んだ。ニクソン訪中の地ならしであり、米中接近は世界のパワーバランスを一変させた。このことについて、ニクソン氏はこう書き残している。田久保氏の説明だ。

「北京で毛沢東と周恩来に会うときには、それぞれどの点を詰めるべきか、ニクソンはキッシンジャー氏に明確に指示しているのです。そのうえで、キッシンジャー氏は使い走り（errand）だった、とニクソンは書いています」

中国問題では素人同然で、大統領から使い走りと断じられたキッシンジャー氏は、しかし、国務長官の地位を退いた後、「一介のビジネスマン」になった。平たく言えば、中国関係のビジネスに関わり始めた。

「氏の中国ビジネスは大成功しました。巨額の利益を得たと見てよいでしょう。国務省に在籍してアメリカ外交の責務を担うときの大目標はアメリカの国益です。ビジネスにおける利益追求と、政府幹部としての国益擁護の責務は全く異なるでしょう。キッシンジャー氏の助言はビジネスにおける成功体験に基づいたものではないでしょうか。金儲けが悪いとは言わない。しかし、ビジネスにおける成功と外交におけるそれとは自ずと異なる面がある。中国ビジネスで成功したキッシンジャー氏は、恐らく外交とは異なる角度からトランプ氏に助言したのではないか。そのように疑われること自体、よくないことです」(同)

トランプ大統領が中国に求めたものは北朝鮮非核化への実効的な協力と貿易赤字解消の手立てだった。ところが、キッシンジャー氏のこれまでの発言や論文を見ると、北朝鮮問題で最も重要なことは「米中の相互理解だ」と繰り返している。アメリカの年来の対北政策は失敗だったが、失敗の理由は米中が目標を擂り合わせ、作戦計画を共有できなかったからだと、「ウォール・ストリート・ジャーナル」紙への寄稿で語っている。

さらに氏は、アメリカの対北先制攻撃は中国が許さない、北朝鮮がこれまで執念を燃やして開発してきた核を諦めるということは、政治的大混乱の中で政権交代が行われるということだとも指摘する。従って中国は本音のところで、北朝鮮の核開発停止を望んでいるが、それによって生じる中国国内への悪影響と、北東アジア情勢の混乱を、最も恐れているのだと強調している。

要は、中国がどれだけ北朝鮮及び朝鮮半島全体の問題に気を配っているかを、キッシンジャー氏は繰り返し語っているのだ。朝鮮半島問題をもっと中国の立場に立って考えよと、トランプ氏に言い聞かせているのである。

対日歴史戦

田久保氏が喝破した。

「北朝鮮問題でアメリカは中国を代理人として使うだけでよいのか。アメリカはカネも出さず、血も流さず、中国にやらせればよいと考えている。それでは中国は怒るだろう。中国をもっと対等な地位に引き上げなければアメリカ外交は成功しないと、キッシンジャー氏は繰り返していまず。同じことをトランプ氏にも言い聞かせているのです。それが今回、トランプ氏を通じて実現したということでしょう」

田久保氏は「トランプ氏がむしろ気の毒だ」と言う。トランプ陣営には対中外交に関する戦略がなく、大きな影響力をもつキッシンジャー氏の助言と戦術は、根本的に間違っているからだ。

今回のトランプ氏のアジア歴訪を、前出のヘイダリアン氏はこう書いた。

「アメリカの同盟諸国はアメリカの先を見て、『アメリカ後の世界』建設に動き始めた」

如何にアメリカが大国としての影響力を急速に失いつつあるかが窺える。中国の長期戦略の前で敗北しかねないのはアメリカだけではない。わが国も全く同じである。中国紙の「人民日報」が、日本軍の731部隊のおぞましい殺人の資料をアメリカで大量に見つけたという記事を配信した。「悪名高い日本軍の細菌部隊関連の資料、2300頁を発見」したそうだ。アメリカの国立公文書館などで発見したと書いているが、驚くべきはその犠牲者が30万人に達するというのだ。「南京大虐殺」も「慰安婦強制連行」も各々30万人の犠牲者だと彼らは主張する。今度も然り。

習氏は華麗なる中華民族の復興のためには、日本民族が如何に悪辣であるかを周知徹底させなければならないと考えているのであろう。

そのための対日歴史戦である。日本人の精神を打ち砕き、中国に抗えない国に、日本をしてしまうつもりだ。一日も早く、こうしたことに気づいて、国の根本から築き直さなければならない。いつも同じことを強調するのだが、自国を自力で守れる国になるための憲法改正を急ぐときだ。

（2017年11月30日号）

習近平は権力基盤を固めたか

いま64歳の中国国家主席、習近平氏はいつまで君臨するのか。氏は毛沢東と並ぶ絶対権力者としての地位を固め得るのか、軍は掌握しているのかなど、見極めるべき点は多い。

なんと言っても、氏は中華人民共和国建国100年の2049年までに「中華民族は世界の諸民族のなかにそびえ立つ」と宣言する人物だ。アメリカに取って代わって中国が世界に君臨するということである。

中国共産党創設から100年目に当たるのが、20年だ。氏は、それまでに、経済、民主的制度、科学・教育においてより充実し、調和的で人々の生活がより一層豊かな社会を実現させると公約した。それを「小康社会」の実現と表現した。

それからさらに15年後の35年までには、社会主義現代化を実現するという。具体的にはアメリカを追い抜いて世界一の経済大国になり、中華文化の広く深い影響力を各国に浸透させることを習氏は考えている。

そこからもう一度、さらに頑張って、15年後には中国は他の国家に抜きん出る軍事力を構築するのだという。国を支える経済力と軍事力、双方の「富強」で人類最強の国となり、中華民族が

「世界の諸民族のなかにそびえ立つ」夢を実現すると、習氏は繰り返した。

氏は「アヘン戦争（1840年）以降、中国は内憂外患の暗黒状態に陥り」苦労の連続だったが、中華民族は3段階の偉大な飛躍を実現したと強調している。それは「立ち上がり」（站起来、毛沢東）、「豊かになり」（富起来、鄧小平）、「強くなった」（強起来、習近平）――の3段階だ。自身を毛、鄧と同列に置いたのである。

こんな野望を抱く習氏が、2017年10月の党大会で有力後継者とされた人材を排除して一強独裁体制の基盤を整えたという見方がある。他方、そうではないと異議を唱える専門家もいる。その一人が「産経新聞」前北京特派員で外信部次長の矢板明夫氏である。

氏の近著『習近平の悲劇』（産経新聞出版）の指摘には説得力がある。中でも習氏と人民解放軍（PLA）の関係の分析に注目したい。

軍を信用していない

PLAは鄧小平時代に7大軍区に分けられ、各軍区にはそれぞれ役割が課せられていた。習氏は16年2月に7大軍区を5大戦区に変革し、それまでできていなかったPLAの統合運用を可能とし、軍の機能も高まったと解説されてきた。私もそう考えてきた。

矢板氏はしかし、この軍改革はとどのつまり、権力闘争だったのであり、統合運用以前の問題だという構図を分析してみせた。習氏の目標は7大軍区の内の瀋陽軍区と蘭州軍区を潰すことだったという。前者は徐才厚上将が、後者は郭伯雄上将が司令官を務めていた。

徐才厚、郭伯雄両氏は共に胡錦濤政権を支えた。習氏は腐敗撲滅運動と称して政敵を倒してきたが、徐才厚氏は14年に、郭伯雄氏は15年に摘発され、胡前主席を支えた軍の最高幹部2人は物の見事に失脚させられた。

習氏は2人に縁のある瀋陽軍区と蘭州軍区も潰そうとしたが、そこまでの力はなかった。かわりに成都軍区と済南軍区を潰して東西南北中の5大戦区にした。瀋陽軍区は北部戦区として、蘭州軍区は西部戦区と名称を変えて残った。

驚くべきことは5大戦区の人事である。

「5人の司令官のうち、4人までも、AからB、BからC、CからAといった形で国替えさせたにすぎないのです」と矢板氏は表現する。

このような人事の狙いは上官と部隊を強引に切り離すことだ。習氏が現場を信用していないのは明らかだ。国家主席として軍の全権掌握を目指す習氏はこれ以外にも軍の制度改革を行った。たとえば4総部の解体である。

PLAには4総部と呼ばれる中枢組織があった。総参謀部、総政治部、総後勤部、総装備部である。これを16年1月に解体して15の局に分散した。結果、軍の全体像を把握できるのは習氏一人になった。習氏は本当に軍を信用していないのである。

氏は共産党中央軍事委員会の委員長だ。文字どおり、軍のトップだが、その地位にありながら、部下である軍幹部や部隊を信用していないのであれば、PLAの側にも習氏への全幅の信頼があるとは言えないだろう。

15年9月3日に、習氏は抗日戦勝利70周年の軍事パレードを、韓国の朴槿恵大統領（当時）やロシアのプーチン大統領を招いて行った。そのときに「30万人の軍縮」を突然発表したが、同削減案に対する軍の反発、不安も強いという。

17年3月に全国人民代表大会が開催されたが、直前の2月22日、数百人の退役軍人が就職の斡旋と待遇改善を求めて北京中心部で大規模なデモを行った。退役軍人は全員、軍事訓練を受けた人々で、組織化されている。加えて治安を担当する武装警察は彼らに対してほとんど手を出さないというのだ。政権にとっては大いなる脅威であろう。

反日に走る構図

また、PLAが自らの存在価値を知らしめるために対外強硬路線を取る可能性も矢板氏は指摘する。一例が、16年6月にインドが自国領だと主張するアルナチャルプラデシュ州に2中隊250人のPLA兵士が侵入し、インド軍が戦闘準備態勢に入り緊張が高まったことだ。

習氏の統治の特徴は自身へのより高度の権力集中であり、その裏返しとしての国民や軍、あらゆる分野へのより強い締めつけである。習氏が第2の毛沢東を目指していると分析される理由もここにある。

矢板氏は習氏の外交の特徴を3点に絞る。①脱韜光養晦《とうこうようかい》、つまり低姿勢からの脱却、②鄧小平時代以来の全方位外交からの脱却、③胡錦濤時代まで続いた経済主軸外交からの脱却、である。

わが道（中華の道）を行くという政策だと考えてよいが、その中で政権の求心力を高める基本が反日である。12年の習政権発足以来、尖閣諸島への航空機、艦船による領空、領海侵犯が繰り返し行われた。

13年からの反靖国参拝キャンペーンでは世界各地の中国大使に任国で反靖国キャンペーンを張

らせた。結果、スーダンやアルゼンチンなど、遠いアフリカ、南米諸国で反靖国の主張が展開された。

14年には12月13日を南京事件の国家追悼日として定めた。

15年には抗日戦勝利70周年の軍事パレードを突如、行った。

16年夏には尖閣諸島に漁船400隻が大挙して押し寄せた。それらに乗り組んでいたのは100名以上の武装海上民兵だった。また、16年にはそれまでくすぶっていた徴用工問題で中国の司法が積極的に対日企業訴訟を受理し始めた。

17年には731部隊が30万人の中国人を殺害したと報じ始めた。

軍との相互信頼に欠け、経済改革にも失敗している習氏が第2の毛沢東を目指し、求心力を高めるために、反日に走る構図が見てとれる。習体制の実の姿をよく見て、こちら側の備えを固めることが大事だ。

（2017年12月7日号）

【追記】

「はじめに」で詳述したように、中国はアメリカに取って代わるために万全の態勢づくりを進めているのである。この点について強い警告を発し続けたい。

「慰安所の帳場人の日記」は何を物語るか

東亜大学人間科学部教授の崔吉城《チェキルソン》氏の近著に、『朝鮮出身の帳場人が見た慰安婦の真実　文化人類学者が読み解く『慰安所日記』』（ハート出版）がある。

この「慰安所日記」とは、戦中、ビルマ（現ミャンマー）やシンガポールの慰安所で帳場人として働いていた朝鮮人男性の日記だ（以下『帳場人の日記』）。慰安所の実態を誰よりもよく知る立場にあった人物の記録であり、慰安婦の実態を知るこの上ない手掛かりとなる。それだけに、意気込んで手に取ってみた。

力作でありながら、読んでもどかしい思いが残る。もっとはっきり知りたいと思うところに中々行きつかない。

崔氏は2014年、同じ出版社から『韓国の米軍慰安婦はなぜ生まれたのか』も上梓している。併せて読めば、氏が『帳場人の日記』に深い関心を寄せ続けてきたこと、日記をできるだけ客観的に読み解こうとしていることが、明らかである。

氏は、「多くの国家、様々な戦争などを通じて性を考察すること」を研究テーマとしてきたという。背景には、10歳の頃に勃発した朝鮮戦争の体験があった。序章から引用する。

「国連軍は平和軍であり、共産化、赤化から民主主義を守ってくれる天使のような軍だと思われていた。だからみんなが手を振って迎えたのに、村の女性に性暴行するとは、思いもよらないことであった」

氏の生まれ故郷の村では儒教的な倫理観が強かった。しかし、「戦争という不可抗力と、性暴力の恐怖によって、住民たちは売春婦、つまり『米軍慰安婦』を認めざるを得なかった」、「国連軍に翻弄された小さな私の故郷の村は、売春村となった」、それによって「一般の女性たちが性暴行を免れることができた。いま問題となっている慰安婦問題にも、そうした側面があったのか」と、氏は問うている。重要な問いだ。

慰安婦問題は日本だけではなく、国連軍や各国の軍を含めた問題である。さらに加害、被害の両面において、韓国自身も関係するという認識が、崔氏の分析を公正なものにする力となっている。

韓国では「慰安婦は被害者から愛国者へと変換され、民族的英雄のように銅像が建てられ、拝まれているが、実はその現象は、新しいものではない」と氏は指摘し、妓生《キーセン》の論介《ノンゲ》の例を引用する。

当時の事実

朝鮮の人々が日本人を「倭」と呼んでいた時代、妓生の論介は国を守るため、敵である日本の武将を抱いて川に身を投じたそうだ。韓国の人々は慶尚南道晋州に彼女を祭る『義妓祠』を建てて、彼女を英雄から神に祭り上げた。妓生や売春は儒教的道徳観によって否定されるが、政治的要素で状況は大きく変わり得るのだ。

『帳場人の日記』は2013年8月、ソウル大学名誉教授の安秉直《アンビョンジク》氏が解説する形をとって韓国で出版された。同書は韓国において、慰安所は「揺るぎない日本軍の経営」の下にあり、従って慰安婦も厳しく監視されていたという主張の論拠となる資料だとされた。反対に日本では、慰安所が公娼制度の下で営まれていたことを示す証拠と見做された。

前述のように崔氏は、どちらの側にも与《くみ》しないよう、慎重に本にまとめている。内容が物足りないのは、日記の日本語訳が部分的な引用にとどまり全体として示されていないからであろう。全てを日本語訳で出版できないわけを私は知る由もないが、慰安婦問題を正しく知る上で惜しいことだと思う。

それでも崔氏の著作は、当時、慰安所がどのように位置づけられていたのか、どんな人々が関わっていたのかを、教えてくれる。過去の事象に現代の価値観や見方を当てはめるのではなく、帳場人だった朴氏の視線を通じて当時の事実を見せてくれる。朴氏は1942年7月に釜山からビルマのラングーン（現ヤンゴン）に向かう船上にいた。第4次慰安団の一員だったのだ。同じ船に、高額の貯金を残したことが日本でも知られている慰安婦の文玉珠《ムンオクチュ》氏も乗っていた。

ラングーン到着後、朴氏は暫くして慰安所で働き始める。11月にはアキャブ（現シットウェ）に移動しているが、この地にあるシットウェ港は、近年中国が巨額の資金を投じて整備し、中国海軍が拠点としていることから、世界の注目を浴びている戦略上重要な港だ。年が変わった43年、氏は再びラングーンに戻り、その後いくつもの市や町を移動した。慰安所は1か所に定着して営業することはあまりないのだと実感する。

各地を移動し、43年の9月末にはシンガポールに移り、朴氏は翌年の44年12月に故郷に戻った。その間に朴氏は自分や同僚のために、また慰安婦の女性のためにも驚くほどの送金をしている。たとえばビルマに戻って日も浅い43年1月16日、朴氏は慰安所経営者の山本龍宅氏から3万2000円を故郷の家族に送金するよう指示されたと書いている。実はこの山本氏は、朴氏の妻の兄弟である。朴氏の働いた慰安所は朝鮮人の親戚が経営していたのだ。朴氏の日記には慰安所経営者として多くの日本名が登場するが、人間関係を辿っていくと、その大半が朝鮮人であると崔氏は指摘する。

「本人に戻るブーメラン」

朴氏が、妻の兄弟から送金を頼まれた3万2000円は現在の貨幣価値ではどのくらいか。当時の公務員の初任給を75円、それがいま約20万円として、崔氏は計算した。すると3万2000円は現在約8530万円になる。

「実に、一億円近い大金が、行き来していたわけである」と崔氏は驚いているが、朴氏が朝鮮の家族や自分の口座に送金した中に、1万円台、2万円台、3万円台の額が目につく。1億円近い額を、或いはそれ以上の大金を、2年の間に数回やり取りできたほど、慰安所経営は利益が上がったということだ。

他の多くの慰安所でも同じような状況があったはずだ。女性たちも高額の収入を手にし、経営者は慰安所を営み、時には慰安所自体を売買していた。

わずかだが、慰安所での生活も紹介されている。朴氏は公休日には映画をよく見たようだ。

「たいていは同業者と一緒」だが、「時には慰安婦たちや仲居などと一緒」だった。「鉄道部隊で映画があり、慰安婦たちが見てきた」という記述もある。

朴氏の日記を精読した崔氏が結論づけている。そこには慰安婦の強制連行に繋がるような言葉すらない、と。氏は、「性的被害をもって問題とすることは、どの国、どの民族でも可能だ」、従って「韓国が、セックスや貞操への倫理から相手を非難することは、韓国自身のことを語ることに繋が」る「いつか必ず本人に戻るブーメラン」だと強調する。韓国はそのような対日非難をただちに中止すべきだというのが氏の結論だ。私は同感だが、トランプ大統領との晩餐会に元慰安婦を招く政権の耳には、この直言は届かないのである。

（2017年12月14日号）

【追記】

ここで取り上げた『朝鮮出身の帳場人が見た慰安婦の真実　文化人類学者が読み解く『慰安所日記』』が、シンクタンク「国家基本問題研究所」の「日本研究賞特別賞」を受賞、2018年7月4日、授賞式が行われた。崔氏は受賞の言葉でざっと以下のように述べた。

「私は日本に留学し、日本学の教員になってから多くの反日感情にぶつかり、困難な状況に遭遇したことを、いま、思い出しています。親日派とされ、非難されたことが、私の「反日の研究」や「日本植民地史の研究」につながりました。私は完全な親日でも反日でもなく、中立、客観的な態度を守っています。結果として、両方から嫌われ、非難されることが多いのです。私は38度線に近い所に生まれ、朝鮮戦争の激戦を体験しました。朝鮮戦争で北朝鮮人民軍が侵攻し、「金日成将軍様の歌」を歌わされ、韓国時代には復讐の殺人を見、中国支援軍下では防空壕生活をしました。再び国連軍の進撃、激戦の中、私の村は性的暴行と売春の村になりました。この状況で父が亡くなりソウルへ転学、そして大学、陸軍士官学校の教官となり、日本留学を果たしました。50歳まで予備役軍人としての義務を果たした後、日本に居を移しました。その私を親日、非愛国者だと言う人には腹が立ちます。私は祖国を愛する者であり、親日でもあります。こんな私が慰安婦問題を避けるわけにはいかないのです。本賞によって『慰安婦の真実』が正しく評価されたことに喜び、授賞に感謝します」

本稿の冒頭で、私が崔氏の著作には「もどかしい思いが残る」と書いたのは、氏があくまでも研究者として中立の立場に立とうとしていたからだと納得した。

日欧EPAで拓く日本の未来

2017年12月8日、日欧EPA（経済連携協定）の交渉が妥結した。安倍政権の外交の巧《たく》みさを実感する。日本と欧州連合との経済連携協定は、18年夏にも署名され、19年春にも発効する。ドナルド・トランプ米大統領は、12か国がギリギリの妥協を重ねてようやくまとめた環太平洋経済連携協定（TPP）を、17年1月、いとも容易に反故にすると発表した。これによって自由主義陣営の結束が危ぶまれたが、今回の日欧EPAの合意は、TPP頓挫の負の影響を着実に薄めていくことだろう。

日欧EPAは世界の国内総生産（GDP）の約3割、貿易総額の約4割を扱う。日本が参加する自由貿易協定（FTA）としては最大規模で、日欧間貿易では最終的に鉱工業製品、農産品の関税がほぼ全廃される。

たとえばいま日本からの自動車輸出には10％の関税がかけられているが、これが協定発効から8年目にゼロになる。韓国はすでにEUと自由貿易協定を結んでいるため、関税ゼロで自動車や部品を輸出しており、10％の関税をかけられる分、日本は不利な闘いを強いられてきた。しかしこれからは対等に競い合える。

日欧ＥＰＡのこの条件は、アメリカも無視できないだろう。自動車の日本からの輸出について、アメリカとはＴＰＰで２・５％の関税を25年目に撤廃することで合意していたが、それに較べても、ずっと有利な協定を日本は勝ちとったのである。

自動車輸出では目に見える大きなメリットを日本は確保したが、ＥＵからの輸入について問題がないわけではない。キヤノングローバル戦略研究所の研究主幹、山下一仁氏の指摘によると、ＥＵの対日輸出では、ワインもチーズも将来的に関税はゼロになるものの（ワインは即時撤廃）、チーズの一部に関しては輸入枠を設け、それをオークションで業者に売るために、価格は下がらないというのだ。従って日本の酪農家にも影響は及ばない。つまり本来なら、より厳しい競争に晒されて日本の酪農産業の基盤を強化する好機とすべきだが、必ずしもそうならないという。これでは改革は名のみで、長い将来を展望するとき、日本の酪農産業はこのままでよいのかという深刻な疑問が残る。

双方に大きなメリット

日欧ＥＰＡで、日本の対ＥＵ輸出は約24％増、ＥＵの対日輸出は約33％増えると見られ、双方に大きなメリットがある。だが、日欧ＥＰＡの意義はそこにとどまらない。より注目すべき点は協定の内容の透明度の高さにある。

たとえば知的財産の保護、電子商取引の透明性、鉄道など政府調達分野への市場アクセスの拡大、サービス貿易、企業統治などがより公正なルールで行われるよう、高い水準の規則が設けられた。中国やロシアが貿易や取引においてルールの透明性を欠く国であることは、今更指摘する必要もないだろう。彼らは力に任せて自国有利の状況を作り出そうとする。他方イギリスはEUを脱退し、アメリカはTPPを否定する。

そうした中で達成された今回の合意は、自由貿易を後戻りさせてはならないという日欧の決意を明確に示すもので、今後の国際的メガ協定の先駆けとなるものだ。これから起きるであろうアメリカの変化を予測すれば、今、安倍首相が達成したことは、自由主義陣営を支える経済活動のルールをまさに日本が主軸となってEUと共に作ったということだ。これからの世界の自由貿易を日本が主導する可能性が強まったということなのだ。

次に日本が目指すべきはTPPの合意だ。トランプ大統領のTPPへの強い忌避感は、氏が多国間協定よりも2国間交渉を好むからというだけでなく、TPPは前任者のオバマ氏が手掛けたものだからと言われている。

感情的要因が強いのであれば、トランプ大統領を説得するのは非常に難しい。それでも安倍首相がアメリカ抜きの11か国でTPPをまとめたら、或いは、新たな要求を持ち出して異論を唱えるカナダを除いて10か国でまとめたらどうなるか。

17年11月に、ベトナム中部のダナンで参加11か国の閣僚会合において合意が確認された際、カナダの新たな強い要求があって合意は流れそうになった。土壇場での変心を茂木敏充経済再生担当相は「こういうことを詐欺と言うんじゃないか！」と怒ったそうだが、安倍首相は、カナダ抜きの10か国でも合意を成立させ、年明けにも署名式を行う方針だ。

それが実現した場合を山下氏が予測した。

「TPPが成立すれば、日本はオーストラリアの牛肉を将来的に9％の関税で輸入できます。他方、TPPに入らないアメリカの牛肉には38・5%の関税が続きます。明らかにアメリカンビーフは不利です。マーケットから排除されかねない。乳製品でも小麦でも、その他でも同じことが起こります」

豚肉も小麦も

氏はさらに続けた。

「アメリカは日欧EPAの影響も受けます。豚肉も小麦も、TPPで起きる現象と同じようなことが次々に起きると言ってよい。トランプ大統領がどれほどTPPはいやだと言っても、アメリカの国益を考えれば入らざるを得なくなります。逆にアメリカが入れて欲しいと言う立場に立たされるでしょう」

TPPはオリジナルの12か国が参加すれば世界のGDPの約38%を占める規模だ。アメリカ抜きなら約13%、カナダも抜ければ約11%である。それでも日本が主軸となってまとめるのは、前述したように大変重要な意味がある。

実利面からアメリカも参加せざるを得ない場面が生ずることに加えて、自由主義陣営の大事な価値観を守り抜く意味合いがある。何と言っても、自由貿易、公正なルール、民主主義、国際法による問題解決などといった価値観を尊重する国々のメガFTAが、ふたつ出来るのだ。合わせると世界貿易の約半分に迫ろうという規模の経済活動が、透明性の高いルール圏で取引されることになる。本当に凄いことなのである。もっと凄いのは、2つのメガFTAのまん中に、日本がいるということである。

日欧の今回の合意内容は、中国が世界に発信した彼らなりの経済のあり方とは明確に異なる。中国は17年10月の共産党大会で、人口13億人以上の社会主義大国を指導するには国民全員が優れた本領を身につける必要がある、優れた本領はマルクス主義の学習によって養われると宣言した。優れた本領を体現する企業になるために、党の指導を徹底させなければならず、外国資本の民間企業も含めて、企業内に共産党の支部を設けよと指導すると宣言した。

すでに外国企業の70％が中国共産党の「細胞」組織を設置させられており、各企業の情報は中国共産党に筒抜けになっていると考えた方がよい。知的財産の窃盗も含めて、何でもありの経済体制が中国で公に強化される傍らで、日本主導の日欧ＥＰＡが合意に至ったことは非常に心強い。

安倍首相は、いまこそ、自らの考える地球儀を俯瞰した外交戦略を推し進めるのがよい。そのときに忘れてはならないのは、経済活動にもその背景に強さが必要であり、憲法改正こそが全ての根本にあるという点だ。

（２０１７年12月21日号）

【追記】

２０１８年7月6日、日本はＴＰＰの手続きを完了した。すべての関連法も成立させて、11か国のうち、メキシコに次いで2番目の早さで手続きを終えた。6か国が手続きを完了させた60日後の時点でＴＰＰは発効する。メキシコ、日本に続いて、シンガポール、ニュージーランド、カナダが、そして6か国目として豪州が10月末に手続きを完了させたため、２０１８年12月30日、ＴＰＰの新しいルールがついに動き出す。

ＴＰＰによって海外の食品が安くなり、日本製品は海外で売り易くなり、仕事もし易くなる。その結果、日本のＧＤＰは年７兆８０００億円押し上げられ、雇用は46万人増えると見られている。

日本の安倍晋三首相の固い決意の下でＴＰＰがまとめられ、実際に世界のルールになっていくのを見て、これまで距離を置いていた韓国も参加に前向きな姿勢を見せ始めている。タイ、インドネシア、コロンビアも参加の意向である。イギリスのメイ首相はＥＵ離脱の難しい交渉の途中にあるが、これまたＴＰＰへの参加も視野に入れている。

日欧ＥＰＡは18年7月17日に東京の首相官邸で署名式が行われ、19年2月にも発効する。日欧ＥＰＡによって日本側は94％、ＥＵ側は99％の品目で関税を撤廃する。しかも知的財産の保護や電子商取引の円滑化などのルールに関しても高い水準の規律を盛り込んだ。

トランプ米政権が保護主義的な貿易政策や報復的関税の実施に踏み切る中で、市場開放や自由貿易体制へと潮流を引き戻す力に、ＴＰＰも日欧ＥＰＡもなることは間違いない。安倍首相は、保護主義が台頭する国際社会で、自由貿易の旗を高く掲げることの重要性を強調し、その具体例がＴＰＰと日欧ＥＰＡだと説き続けてきた。

ＴＰＰと日欧ＥＰＡ。この2つのメガＦＴＡの実現が自由陣営を救う力になると、私は思う。中国は中国主導のＲＣＥＰ《アールセップ》（東アジア地域包括的経済連携）の実現を急いでいる。日本主導の自由経済体制の確立より前に、中国は自分たちが主軸となる経済のルールを作りたいのだ。日本はＲＣＥＰの交渉を急ぐことなく、ＴＰＰや日欧ＥＰＡの実現と充実に力を尽くすのがよい。

強欲NHK、650億の蓄財を説明せよ

テレビを設置したら、なぜ自動的に、NHKと契約し受信料を払わなければならないのか。NHKを見たくない人にまで契約を強要するのは、契約の自由を侵す憲法違反ではないのか。

こうした問いに最高裁判所は2017年12月6日、合憲の判断を下した。その判決のおかしさは、「受信設備を設置した者は、協会（NHK）とその放送の受信についての契約をしなければならない」という放送法第64条1項には沿っているが、その他の重要事項に全く配慮していないことだ。

NHKは放送法第4条に定められた、①政治的公平性、②事実は歪曲しない、③対立意見のある事柄は多くの角度から論点を明らかにする、などについては全く守っていない。「公共放送」にあるまじき極端な偏向報道に、NHKが度々陥っていることに最高裁は全く触れなかった。

金満体質になってしまったNHKが公共放送とは無関係の投資活動に多額の資金を投入していることも、最高裁は全く考慮しなかった。

最高裁がNHKへの受信料支払いを「法的義務」と判断したことから、裁判を起こせばNHKは必ず勝訴し、受信料取り立てが可能になる事態が生まれた。受信料徴収率はすでに約80％で、

ＮＨＫの一人勝ち体制が強化されるだろう。加計学園報道や種々の歴史ドキュメンタリー番組で明らかな偏向報道をするＮＨＫに、受信料という事実上の税金をこれまで以上に注入してよいのだろうか。

そこで、私は、インターネット配信の「言論テレビ」で12月15日、特別番組を組んで同問題を取り上げた。その議論の中から、偏向報道が半端ではないＮＨＫの、これまた半端ではない彼らの金満体質を紹介する。経済評論家の上念司氏がＮＨＫの財務諸表を分析し、17年度の中間決算を基に報告した。

「ＮＨＫには１兆円超、正確には１兆１１６２億円の資産があります。その金持ち振りに驚きますが、中身を分析するともっと驚きます」

１兆円余の資産のうち、一見してＮＨＫには不要だと思われるのが有価証券、長期保有有価証券、特定資産である。それぞれ２４６１億円、９４６億円、１７０７億円で、計５１１４億円もある。ひとつずつ見ていこう。

受信料を国民に戻すべき

まず、１番目の有価証券である。この多くは譲渡性預金、要は定期預金だ。なぜこんなに定期預金をするのか。資金に余裕があるからだとの上念氏の説明はわかり易い。

次は長期保有有価証券だ。上念氏が解説した。

「大きいのは特殊法人（特殊会社）の発行する債券と地方債です。ＮＨＫ自体が特殊法人ですが、他の特殊法人のスポンサーになっている。どこにそんな必要があるのか、わかりません」

長期保有有価証券946億円の中に105億円の非政府保証債が含まれている。政府系特殊法人が発行する債券などを105億円も購入している。

「NHKが財政投融資みたいなことをやっているわけです」と上念氏は説明したが、再び同じ疑問を抱く。NHKがそんなことをする必然性はあるのか、と。

　この長期保有有価証券には他にもよくわからないものが入っている。たとえば事業債の購入費591億円である。事業債は主に高速道路会社が発行している債券だが、やはり同じ疑問を抱く。国民の受信料で、なぜ、高速道路会社の債券を買うのか、と。これもお金が余っているからであろう。

　次は3番目の項目だ。1707億円に上る特定資産である。東京・渋谷の放送センターの建て替え費用に充てるというが、あまりに巨額ではないか。上念氏の説明を聞いてもっと驚いた。

「実は、特定資産の中にも、前述の非政府保証債と事業債が入っているのです。各々794億円と640億円です。すでに説明した有価証券と長期保有有価証券の中にも同じ名目で入っていましたから、合計すると、非政府保証債が約1050億円、事業債が約1480億円。凄い額です」

　主として、非政府保証債が政府系特殊法人の債券であること、事業債が高速道路会社の債券であることはすでに述べた。国民のための放送事業に必要だとして徴収する受信料を、他の法人や高速道路会社のためになぜ使うのか。その理由をNHKは説明すべきだ。

　そんな余裕があれば、受信料を国民に戻すのがスジであろう。或いは前会長の籾井勝人氏が主張したように受信料を大幅値下げすべきだ。そこでNHKの懐にはどれだけの資金があるのか、上念氏が分析した。
「単体決算で見ると、純資産は7442億円、連結決算では8340億円、名だたる上場企業に引けをとらない凄い実績です。優良企業のパナソニックの純資産が1兆2596億円（16年度、以下すべて）、マツダが9224億円とさすがに及びませんが、富士通の7154億円を上回っています」

高給取りの集団

こんなお金余りのNHKであるから、当然、職員への利益配分も大きい。16年度決算ではNHKの給与総額は1109億3094万円だった。NHK職員の総数、1万273人で割ると、1人当たり平均年収は1079万8300円になる。他方、民間給与実態統計調査によると、日本人の1年間に得る給与の平均は422万円である。

単純計算だが、日本国民の平均給与の2・5倍をNHK職員は得ている。「皆さまのNHK」は高給取りの集団である。これはフェアか。民間企業が競争に晒されコストを削減し、新製品や技術を開発し、努力して利益を上げるのに対して、NHKは法律をバックに受信料を徴収するだけだ。おまけに凄まじい偏向報道で事実を歪曲し、放送法第4条は守らない。とりわけ歴史問題などでは史実を歪曲し、日本を不当に貶める報道も珍しくない。そんなNHKにこんな給料格差は許せない。

「事業活動のキャッシュフローを見ると、17年度の半期で508億円もキャッシュを生み出しています。1年では1000億円以上です。うち、半期で327億円、1年で650億円強が長期保有有価証券の取得に回されています。お金が黙っていても入ってくるからこれだけ投資に回せている。そこで言いたい――NHKさま、お金が余っているなら、国民にお返し下さい」
「言論テレビ」の生番組の中で、突然上念氏が呼びかけたとき、私たちは爆笑したのだが、笑って済む話ではない。せっせと証券を買い込むくらいなら、NHKはその分を国民に返すべきだ。最高裁判断を笠に着て、受信料徴収に励む強欲NHKであり続けてはならない。そしてNHKは国民に説明せよ。なぜ毎年、何百億円も私たちの受信料から抜き取って、有価証券を買うのか。この問いにきちんと答えよ。

このように抗議をしても、恐らくNHKの強欲と偏向報道は改まるまい。そうした姿勢はすでに彼らの体質になっている。それでも私たちはNHKの現状を黙って受け入れるわけにはいかない。一日も早く、スクランブル放送や電波オークションなど新制度を導入し、NHKの強欲と偏向の厚い壁を破っていきたい。

（2017年12月28日号）

【追記】

NHK問題はとても大事な問題だ。テレビを設置する国民は全員、法律上、受信料を納めなければならない。そのうえ、NHKはスマートフォンにまで受信料の網をかけるべく準備中だ。そこまでして国民から事実上の税金を集めるのであれば、日本の国民にとっても国益にとっても前向きの報道をしてほしいと思うのは当然であろう。少なくとも事実を曲げて報道することはすべきでない。偏った報道もしてはならない。しかし、彼らはそれをしているのである。

こんなことを言うと、地方の平和な自治体に住んでいる人たちは心底、驚くだろう。基本的に善なるこのような人々は、長年、ＮＨＫを信じてきた人々だ。でも、ＮＨＫの報道番組や歴史に関わるドキュメンタリー番組がどれだけ日本の名誉を傷つけ、国益を損ない、政治に負の影響をもたらしたかは計り知れない。その具体的事例を書いた書物をここに紹介したい。『朝日リスク暴走する報道権力が民主主義を壊す』（産経セレクト）である。「言論テレビ」で報じたことを一冊にまとめたものである。本稿に書き切れなかったＮＨＫの実態をお読みいただけると思う。

第5章　緊迫する国際情勢、日本が進むべき道

歴史戦、徴用工で本格的情報発信

著名な韓国の言論人、趙甲濟《チョガプジェ》氏が2017年12月19日、シンクタンク「国家基本問題研究所」の研究会で語った。

「70%もの韓国国民がなぜ、親北朝鮮で反韓国の価値観を持つ文在寅大統領を支持し続けるのか。なぜ韓国人は祖国が直面する危機に気付かないのか。その理由は韓国人の考える力が低下しているからです」

氏は韓国人の「考える能力」の低下の原因として、漢字を追放してハングルだけを使用するようになったことを挙げた。分析の正否は今は措《お》く。ただ、彼らが歴史の実態に目を向ける代わりに、史実とは無関係に創り出した物語に心を奪われてしまうのは確かだ。事実と懸けはなれた「民族の悲劇」に酔いしれて、反動として強い反日感情に身を委ねる。情に偏り、理を欠く傾向は制御できないほど、強い。

そんな彼らに対して、日本側は事実に基づく主張や議論を避けてきた。両国間に横たわる歴史問題の不幸な溝には、その意味で日韓共に責任がある。少なくとも、安倍政権以前はそうだった。韓国による反日歴史戦を止める力は、他でもない、歴史の事実の中にある。事実を示すことで、初めて日本は韓国や中国の歴史の捏造に立ち向かうことができる。言い換えれば、わが国には、歴史問題で戦う武器としては、事実しかないのだ。そのことに気付いて、歴史問題に対しては事実を以て向き合おうとしてきたのが安倍晋三首相である。

だが首相がそう考えても、外務省をはじめとする関係省庁の人々の心の闇は深く、基本的な事実の指摘でさえ、韓国を刺激するとして尻込みする人がいる。なぜ、歴史の事実を示し、それについて語ることがいけないのか。なぜ、韓国にそこまで遠慮しなければならないのか。私には全く理解できないが、そのような人々が首相官邸にも霞が関にも少なくないのは事実である。

そのことを考慮すれば、12月22日、一般財団法人「産業遺産国民会議」（以下、国民会議）のウェブサイト（https://sangyoisankokuminkaigi.jimdo.com/）に、長崎県の端島、通称・軍艦島に関する資料と、元島民の証言が掲載されたのは安倍政権あっての快挙というべきだ。

慰安婦問題に続いて中韓両国は徴用工問題を日本に突き付ける。２０１７年、韓国は同問題についての酷い内容の映画を完成させ、ユネスコ関係者の前で披露した。本や絵本も出版した。18年には各地で慰安婦像の隣に、徴用工の像も設置されかねない。

本格的な反論がはじまる

彼らは軍艦島を、「地獄の島」「強制連行の島」と呼び、日本をナチスドイツ同様ホロコーストの国として位置づけようと躍起になっている。だが、日本は慰安婦問題の二の舞は演じない。断じて同じ失敗は繰り返さない。それが国民会議のウェブサイトに込められた決意であろう。中韓の歴史の捏造話を事実を示して正し、真実を知らしめる。事実に能弁に語らせることで日本の本格的な反論とする姿勢を鮮明にした。

その圧巻が端島の元島民のビデオ証言である。端島の歴史事実を歪めている著作や記事を、元島民らが一つ一つ検証し反論している。対象となっているのは、日本が朝鮮人や中国人を強制連行し、奴隷のように働かせ、非人間的な扱いをしたと非難する各種の出版物や資料である。

たとえば、端島を、「朝鮮人強制連行の島」として描いた作家、林えいだい氏である。氏は『筑豊・軍艦島』（弦書房）の中で、「旧桟橋を上がると、正面には通称、地獄門とも呼ばれる労務係の詰所があった。一旦この門をくぐると、坑夫たちは、一生そこから出ることができなかった」と書いている。だが元島民は、「（地獄門など）ちょっと聞いたことがない」と林氏の説を退ける。

一旦、島に上陸したら二度と出られないとの非難には、「島を出て他の島へ行くときには他航証明書という書類をもらわないと行けなかった。それは日本人も同じだった」とし、その背景には借金をかかえたまま、島を出て戻らないケースがあったからだと説明している。

林氏は、「中国人の取扱いは特に厳しかった。朝鮮人が話しかけたりすると、銃を持った労務係がきて『近づくな』と言って双方を殴りつけることもあった」と記述しているが、証言映像では「銃を持った人見ました？　警察」と問われ、別の島民がこう言っているのだ。

「警察が、端島に限らず銃を持ってウロウロするなんて、日本の国勢（国情）にはないですよ。あの当時」

さらにこの人物は語った。

「銃を持った人なんておらんです。警察も、端島は仕事がない島だと言っていた（笑）」

島には警察も含めて銃を持った人間などいなかったというのだ。公権力を執行する立場にある警察も持っていない。民間人の労務係に至っては、尚更そうであろう。

最盛期5000人以上が住み、日本一人口密度の高かった島で、警察の仕事がなかったということは、それだけ人々が協力し合って和を保っていた証左だ。元島民の女性の、皆が助け合い仲良く暮らした島だったという証言は十分に信用できるのである。

もう一人の島民も語った。

「本当の軍人なんて2人しかいないですよ。それも憲兵です」

軍人2人が憲兵だったというのは大事な点だ。憲兵は軍法に基づいて軍の犯罪を取り締まる存在である。島の軍人2人が憲兵だったということは、それだけ島の治安が厳しく守られていたことを意味すると見てよいだろう。林氏が描いた朝鮮人への違法な虐待、虐殺は許されるはずがなかったということだ。

歴史の証人

坑内での採炭作業の苛酷さを、林氏は次のように書いた。

「高さ一メートルの炭層に、朝鮮人坑夫たちは立ち膝のまま鶴嘴を打ち込んでいた」「二尺層といわれる炭層は約六〇センチ、短い柄の鶴嘴で寝掘りする場所だった」

元島民たちは皆坑内で働いていた人たちだ。彼らは一様に反論した。

「坑内の石炭はバババババッとエアで落としていました。鶴嘴は石炭を掘るのに使いません。少し浮いたのを、叩いて落とすくらい」

鶴嘴で力を入れて掘るという作業はなかったというのだ。

「立ち膝のまま」掘った、或いは「寝掘り」について元島民は、「そんな狭一な炭層はないです。一番薄いところで3尺ですから、これはほとんど採りません。だから人間が這って掘るような所は、それはどこか見つけなきゃならん」と語っている。

今回、国民会議のウェブサイトには入れられていないが、別の島民もこう語っている。

「寝て掘るなんてことは全くなかった。それなら炭車はどうして入れるのですか」「朝鮮人を石炭掘りに使うのは（技術的に）危なくて仕方のない面があった。だから彼らには後方で働いてもらった。日本人が採った石炭を炭車に積み込み、それを押すのが、彼らの役割だった」

などの証言も体験を踏まえているだけに具体的である。坑内の状況や採炭の手順、仕事に入る際の服装や種々の準備、チーム編成の実態など、歴史の証人としての彼らの発言は、これまでチェックもされずに垂れ流されてきた間違った情報を正すものだ。

検証されたのは林氏の著作をはじめ、長崎市の「岡まさはる記念長崎平和資料館」のパンフレットや、「南ドイツ新聞」のひどい記事など、広範囲に及ぶ。

国民会議のウェブサイトでは、元島民の証言だけでなく、当時の島の写真、炭坑の様子を描いた幾枚もの絵も見ることができる。先人たちが作り上げた設備の近代性や、国策産業としての石炭産業に日本国が注いだエネルギーのほどが窺われる。

２０１８年、中韓の対日歴史戦はかつてなく激化すると考えておくべきだ。日本をホロコーストの国として貶める彼らの意図を一つ一つ、事実をもって打ち砕く、そのための情報発信こそ大事である。

（2018年1月4日・11日号）

【追記】

2018年10月30日、韓国大法院（最高裁）が、新日鐵住金（旧新日本製鐵）に対し、「元徴用工」4人への損害賠償金として4億ウォン（約4000万円）の支払いを命じる判決を下した。

安倍晋三首相は、判決直後に「国際法に照らしてあり得ない判断だ」と述べたが当然である。日韓両国は1965年の日韓請求権・経済協力協定の第2条で「国及びその国民（法人も含む）」の請求権問題は「完全かつ最終的に解決されたこと」を確認している。

加えて、今回の裁判の原告4人はいずれも徴用工ではなかったことが判明した。彼らは全員が企業による募集、または官斡旋を通して募集に応じ、面接で合格した労働者だった。

己への信頼を憲法改正で勝ち取れ

世界が大きな変化を遂げつつあるのはもはや言うまでもない。70年余りも日本が頼ってきたアメリカは、強大ではあるが普通の民主主義国へと変化していくだろう。

日本は価値観を共有するそのアメリカを大事にしなければならない。頼るばかりでなく、助け合わなければならない。日本にできることはもっと実行していかなければならない。アメリカが世界の現場から少しでも後退すれば、そこに生ずる政治的空白に、中国やロシアがさっと入り込み、私たちとは全く異なる価値観で席巻しようとするだろう。そのような悪夢を上手に防ぐことも日本のやるべきことになるだろう。

そのとき、日本が担うべき課題が国際社会のルール作りだ。わが国はこれまでそんなことは他国の仕事だと考えていた節がある。だが、やろうと思えば日本はきちんとやれる国なのだ。2017年末にも、日本と欧州連合（EU）が経済連携協定（EPA）で合意した。現在はアメリカ抜きの環太平洋経済連携協定（TPP）で、11か国をまとめようとしている（185頁から詳述したように、日本は2018年夏までに日欧EPAもTPPもまとめ上げることに成功した）。

EPAについて安倍晋三首相が語っている。

「EPAで関税が下がることよりも、21世紀のルール作りで日本が中心になれたのは大きかったと思います」

ルール作りとは、どのような価値観を掲げるかという問題である。日欧EPAは、中国を念頭に、彼ら流の価値観でこちら側の経済や生き方、法律の解釈などを仕切られるのは絶対に避けたいとして、決めたものだ。世界の国内総生産（GDP）の約3割を占める巨大経済圏は、不透明な中国方式の世界と向き合うために誕生したのである。TPP11が加われば、さらに事態は明るくなる。

習近平主席は中国に立地する外国企業に、会社の中に共産党支部（細胞組織）を設けよと要求した。企業経営でも共産党の指導を受けよという意味だ。それだけではない。彼らは国際政治のあり方、国際法、領土領海のルール、歴史さえ変えようとする。中国は歴史修正主義の権化である。

根絶の政策

日本が中国に相対峙し、アメリカを助け、共に自由や民主主義を守る役割を担うとしたら、どうしても改めなければならないことがある。それは日本人が祖国や歴史を真っ当に評価しない、或いはできないという現状を変えることである。

現行憲法はアメリカが日本に与えた「根絶の政策」である。実はこの表現は、アメリカの国際政治学者サミュエル・ハンチントンが『軍人と国家』（原書房）で指摘したものだ。それを日本の私たちは、70年間一文字も変えることができずに今日に至っている。なぜ、アメリカの一流の学者が日本人に対する「根絶政策」だと喝破した憲法を私たちは変えることができないのか。私たちは根絶されても仕方がない民族なのか。それほど私たちは、日本が悪い戦争をしたと思っているのか。

そうではないだろう。大東亜戦争は「好戦的な日本」が無謀にも始めた邪悪な戦争ではないのだ。なぜ日米は戦ったのかを理解するには3冊の本を読めばよい。①アメリカ歴史学会会長、チャールズ・ビーアド博士の『ルーズベルトの責任』（藤原書店）、②ハーバート・フーバー大統領の『裏切られた自由』（草思社）、③コーデル・ハルの『ハル回顧録』（中公文庫）である。

ビーアドの書は１９４８年に出版された。ルーズベルト大統領はすでに死亡していたが、大統領に対する評価はまだ高かった。そのような中で、ビーアドはルーズベルトには日米開戦の責任があることを明確にした。アメリカ社会は、学界も含めてビーアドを激しく非難した。彼は歴史学会会長の地位を追われ、失意の内に出版から4か月後に亡くなった。その後の展開は、しかし、彼の指摘と分析が正しかったことを示している。

ビーアドは、たとえば、昭和16（１９４１）年11月26日にハル国務長官が10項目の要求、通称「ハルノート」を日本側に手交するまでのプロセスを淡々と、しかし極めて正確に記録している。そこから見えてくるのは、米国のマスコミ、議会、さらには国民に対して、日本との話し合いはあくまでも友好裡に進めている、米国は極めて寛容な態度を日本側に示し続けている、米国は平和のための努力を続けているという印象を強く与えつつ、他方、実際の対日交渉は冷酷この上ない方法で日本を追い詰め続けるという、ルーズベルトの二重政策である。

そのルーズベルト、ハル両者の企みを、ビーアドは事実のみを軸に、淡々と記録し、事実をして真実を語らせている。『ルーズベルトの責任』の監訳者・開米《かいまい》潤氏は、同書の解説でハルノートについてこう記している。

「一九〇〇年以来、アメリカのとったいかなる対日外交手段に比べても先例をみないほど強硬な要求であり、どんなに極端な帝国主義者であろうと、こうした方針を日本との外交政策に採用しなかった」

野村吉三郎駐米大使や来栖三郎特使が日米戦争回避の道を探り、暫定措置を決めて、そこから本交渉に入ろうと懇願しても、ハルは相手にしなかったのである。ビーアドは、公表された政府資料、報道などを入念に分析して、詳述したが、日本人として読むのが辛いほど、わが国は情報戦で完敗しているのである。

敗戦した日本を裁いた「東京裁判」で、ただ一人、戦犯とされた日本人全員の無罪を主張したインドのラダ・ビノード・パール博士は、ハルノートを「外交上の暴挙」と喝破した。それまでの8か月にわたる交渉の中で一度も話し合われたことのない過激な条項が、理解し難い形で日本に突きつけられていたからだ。

祖国の歪んだ基盤

2017年夏に日本で訳本が出版されたフーバーの『裏切られた自由』（渡辺惣樹訳）は、ビーアドとは異なる情報源によるものだが、開戦の責任はルーズベルトらにあると、同じ結論に達している。

同書には生々しい会話が頻繁に登場する。たとえばハルノートを日本に手交する前日、194

1年11月25日に、ルーズベルトはハル国務長官、スチムソン陸軍長官、ノックス海軍長官らを招集した。その会議でルーズベルトは「問題は、いかにして彼ら（日本）を、最初の一発を撃つ立場に追い込むかである。それによって我々が重大な危険に晒されることがあってはならないが」と語っていた。

もうひとつの事例は、12月6日、ルーズベルトが天皇陛下にあてて送った平和を願う公電である。公電の文案を下書きしながらハルが語った言葉をフーバーは次のように明かしている。

「この公電は効果の疑わしいものだ。ただ公電を送ったという事実を記録に残すだけのものだ」

ハルも回顧録を書いている。だが、日米開戦やハルノートについてはほとんど触れていない。日本側が再三再四、和平交渉を求めたことも、自身がそれを無視したことにも触れず、こう書いている。

「われわれとしては手段をつくして平和的な解決を見出し、戦争をさけたい、あるいは先にのばしたいと考えた。（中略）一方日本は対決を求めていた」「最後まで平和をあるいは少くとも時を求めて（われわれは）必死の努力をつづけた」（『ハル回顧録』宮地健次郎訳）

ハルの回想は、ビーアド、フーバーなどの研究によって偽りであると明らかにされている。ドイツと結んだのは日本の間違いではあったが、日米開戦に関して日本が一方的に、好戦的だ、帝国主義的だといって責められるべきではないのである。ビーアドやフーバーらの書き残した歴史の真実を知れば、日本人は賢くなり、自身への信頼も強化できる。祖国の歪んだ基盤を直す第一歩、憲法改正も可能になるだろう。

（２０１８年1月18日号）

中国マネーの後には死屍累々

1月8日、成人の日のニュースに驚いた。東京23区の新成人、約8万3000人の内、1万人余り、8人に1人が外国人だというのだ。

とりわけ外国人比率が高いのが新宿区で46％、以下、豊島区38％、中野区27％、荒川区・台東区26％だった。国籍による内訳は示されていないが、留学生に占める比率などから、新成人の多くが中国籍の若者だと見てよいだろう。

日本が広く開かれた国であるとはいっても、区によっては新成人の約半分が外国人という現実の意味を、深く考えなければならない。とりわけ中国人はどこにいても、中国共産党の指導の下にある。中国共産党が命令を下せば、彼らは中国の法律に基づいて、本国政府の指示どおりに行動しなければならない存在だということを、私たちは忘れてはならないだろう。

そのひとつの例として、2008年の北京五輪に際して、世界中を巡った聖火リレーがある。長野県でリレーが行われたとき、突然、5000人ともいわれる中国人留学生が五星紅旗を掲げて町を席巻した。日本各地から、中国政府の指示を受けて集まった学生達である。

さて、その中国はどんな方向に向かっているのか。

18年1月12日、中国共産党の政治局会議で「習近平の新時代の中国の特色ある社会主義思想」が中国憲法に盛り込まれることが確認された。

現役の主席の思想が憲法に書き込まれるのは毛沢東以来だ。習氏は自らを毛沢東に並ぶ権力の座に押し上げ、中華民族が「世界の諸民族の中にそびえ立つ」ことを目指している。その手段は強い経済力と強い軍事力である。貧しい国には返済しきれないほどの巨額の資金を提供し、返済が滞ると国土や港を取る。相手国で中国への反発が高まりそうになると、金の力で、或いは知識人や留学生を総動員して、政治の力で封じ込める。軍事的圧力もかける。

だが、そのような中国の帝国主義的横暴に世界各国が、小さなアジアの国々も含めて、気づき始めている。最も警戒心の薄いのが日本ではないだろうか。その意味で以下の事例を日本人は心に刻んでおきたい。

17年11月、25億ドル（約2750億円）に上るネパールのブディガンダキ水力発電所の建設計画が突然、キャンセルされた。利益のほとんど全てが中国企業に吸い取られ、ネパールは得るものがないという理由からだった。

欧州連合（EU）は、中国企業によるハンガリーからセルビアに至る高速鉄道建設計画に関して、ハンガリーがEUのルールに反して中国企業と契約したとして調査を開始、事業は中断に追い込まれた。

破綻への道

親中派のアウン・サン・スー・チー氏が率いるミャンマーでも異変が起きている。中国企業が取りかかった30億ドル規模の石油精製工場建設を、ミャンマー側が拒否した。

パキスタンは中国を「鉄の兄貴」（Iron Brother）と呼ぶが、中国が力を入れていたディアメル・バシャ・ダム建設計画を中断した。中国がダムの所有権を要求したのが理由だ。

同ダムは、パキスタンとインドが領有権を争う戦略的に重要な地域、カシミール地方に立地するが、これを中国は自国領にしようと企んだ。

ホルムズ海峡の出入口を睨む同国のグワダル港は事実上中国海軍の拠点にされたが、そこに空港建設計画が浮上した。加えて中国西部からカラチを経てグワダルに至る鉄道建設も計画されていた。だが、いずれの計画についても17年11月、中パ両国の話し合いは物別れに終わった。中国依存度の高いパキスタンでさえ中国のプロジェクトに「ノー」と言ったことに世界は驚いた。

パキスタンに対しては、トランプ米大統領が18年１月４日に軍事援助を停止したこともあり、パキスタンは中国への傾斜を強めているのだが、彼らは元々中国への依存度が高く、総額６００億ドル（約６兆６０００億円）を超えるさまざまなプロジェクトを組んでいる。その中で次々と事業計画が中断されているのである。

タイは１５０億ドル（約１兆６５００億円）の高速鉄道計画を16年に一旦中断し、17年７月、タイ企業の受注分を増やすとともに中国の技術による建設が決まった。

中国が計画し、貸し付け、圧倒的に中国企業が受注するこれらインフラ事業は、受け入れ国が抵抗すればわずかに修正されるが、根本的な修正は一切あり得ない。貧しい国々は潤沢な貸付金に目が眩み、破綻への道だとわかっていても踏みとどまれない。

タンザニアがそのいい例だ。バガモヨ市の港建設を含めて彼らは中国から１１０億ドル（約１兆

2100億円）という巨額資金を借り入れた。プロジェクト遂行にはタンザニア政府が2・8億ドル（約308億円）、総額の2・5％を負担しなければならない。だが、タンザニア政府はそれさえも捻出できない。金利や元金の支払いは当然、不可能だろう。借金地獄に落ちたのである。これから、タンザニアに何が起きるか。スリランカの事例から容易に見てとれる。

スリランカ政府は中国資本を借り入れて建設した要衝の港、ハンバントタの経営に行き詰まり、株の80％を99年間中国企業に譲った。事実上の売却である。中国はイギリスに香港を99年間支配され、期限が来たとき取り戻した。そんな力が99年後のタンザニアやスリランカにあるだろうか。

中国による政治工作

中国に奪われ続けるこうした事例が中国の進出する先々で起きている。

オーストラリアのターンブル首相は、押し寄せる中国の影響力に対処するために、17年12月、外国人による政治献金を禁止する法案を議会に提出した。地元メディアは中国が組織的に豪州政治への浸透工作を行っていると報じ、その一例として野党労働党のサム・ダスチャリ上院議員が党の政策に反して、中国の南シナ海での領有権の主張を支持する発言をしたことを伝えた。

「産経新聞」も17年11月21日、豪州で、政治家や留学生を利用した中国による政治工作が活発化していることを報じている。ブランディス司法長官は中国共産党がロビー団体や財界人などを駆使し、地方や連邦政府に組織的な工作を仕掛けていると懸念を表明した。豪州の大学で学ぶ20万人近くの中国人学生が、在豪の中国大使館や領事館の指示を受け、中国に不利な内容の授業内容に集団で抗議をするなど、露骨な中国擁護活動を頻繁に展開しているというのだ。

貧しく力の無い国々に対して、中国政府は極悪サラ金業者のように振る舞い、他の国々には巧妙に政治的影響力を及ぼそうとする。或いは軍事力の行使も厭わない。

資金と技術が欲しい中国は、日本に笑顔で一帯一路への協力を呼びかけているにも拘らず、尖閣諸島の接続水域には軍艦と攻撃型原子力潜水艦を同時に侵入させる。3隻の公船もその後、領海に侵入した。関係改善を求めながら、なぜこんなことをするのかと問うのは愚問である。中国はそういう国である。その中国の資本に国土を買い取られ、多数の人口が流入しつつあるという現実を、日本はもっと警戒しなければならないだろう。

（2018年1月25日号）

米大統領の対中政策を活用せよ

ドナルド・トランプ氏の大統領就任から丸1年が過ぎた。アメリカのメディアは新聞もテレビもトランプ政権1年を振り返り、論評に明け暮れている。CNNはそのリベラル志向ゆえに徹底した反トランプの論調が目立つメディアである。そのことを念頭に置いて割り引いて視聴しても、徹頭徹尾のトランプ批判には、いささか疲れる。ちなみに、アメリカでは「リベラル」という言葉は余りにも手垢のついた印象が強く、左の人々も、もはや自身を「リベラル」とは呼ばず、「進歩主義者」（progressive）を自称することが多いそうだ。

保守的な「ウォール・ストリート・ジャーナル」（WSJ）から、進歩的な「ニューヨーク・タイムズ」（NYT）、「ワシントン・ポスト」（WP）までを読み較べると、左右関係なく、どのメディアもトランプ氏の性格分析や人物評価にかなりのスペースを割いているのが面白い。それだけトランプ氏の言動が予測し難いということだ。

WSJが2018年1月19日の紙面で、トランプ氏に実際に会ったことのある50人による印象をまとめていた。彼らは以下のような特徴を語っていた。

◎話題が突如、あらぬ方向に変わる。◎演説の最中に他の話題をさし挟んだり、聴衆の中に知人を見つければ呼びかけたりして一貫した話にならない。◎非常にあけすけに対象人物を侮辱する。◎説得されて考えを変えることもある。◎説得するにはトランプ氏の直感は正しいという大前提に立ち、実際には彼の考えとは正反対の助言をすると、その方向で考えを変えることもある。◎トランプ氏の指示を実行するのに時間をかけると、その間に考えが変わることもある。◎率直な助言には耳を傾ける。◎共和党の重鎮議員には国賓用の椅子を用意する。◎議員の子供にもエアフォースワンのロゴ入りチョコレートを与えるなど優しい。◎ゴルフコースで、どの木が枯れていて、どの木のどの枝を切るべきで、どの植物がどんな菌類に侵されているかなど、わかりにくいことを喋る。

略奪的経済政策

このようなコメントを並べても、トランプ氏の戦略や政策の理解にどこまで役立つか、わからない。だが、トランプ氏が歴代大統領と較べて型破りであることは明確に伝わってくる。

米ヴァンダービルト大学名誉教授で、同大日米研究協力センター所長のジェームス・アワー氏の助言を思い出す。トランプ氏の言葉やツイッターでの発言には気をとられず、彼が実際に行っている政策を見るべきだ、というのである。

その意味で、17年12月にトランプ大統領が発表した「国家安全保障戦略」と、18年1月19日にジェームズ・マティス国防長官が発表した「国家防衛戦略」は明確な判断基準となる。

「国家安全保障戦略」を現場の戦術に置き換えて説明したものが「国家防衛戦略」である。その内容は中国とロシアの脅威を言葉を尽くして強調するものだ。

「中国はアメリカの戦略的競争相手で、彼らは南シナ海の軍事化を進めつつ、略奪的経済政策で周辺諸国を恫喝し続ける」「ロシアは国境を侵し、経済、外交、安全保障の問題で拒否権を用いて近隣諸国の利益を損ねる」

略奪的経済政策とはよく言ったものだ。トランプ政権らしい「あけすけ」な表現で中露を責めている。ブッシュ、オバマ両政権が「テロとの戦い」こそアメリカの最大の課題とした路線を、トランプ政権は大きく変えたことになる。

とりわけ中国への警戒心は強く、彼らは地球規模でアメリカの優位性を奪おうとしていると警告し、アメリカは打撃力を更に強める必要があると断じている。

マティス国防長官が署名したこの文書には、強い殺傷能力を示す「lethal」という言葉が、度々登場する。米国防総省は真の脅威は国際テロリスト勢力ではなく、北朝鮮の背後に控える中国だとして、中国に対してlethalな能力を持つべきだと言っているのである。オバマ政権とは何という違いであろうか。その現実認識は正しいのであり、日本にとっては歓迎すべきものだ。

トランプ氏のことがよくわからないと感ずるのはアメリカのメディアだけではないだろう。日本のアメリカ研究者もメディアも、さらには外務省も同じではないだろうか。だが、政権発足から1年が過ぎて、私たちが見ているのは前述の文書である。トランプ政権の正式な戦略方針だ。これによって、アメリカは自動的に日本の側に立つなどとは到底言えない。言えないが、日米両国の戦略的基盤には、対中国という視点から共通項がしっかりでき上がったということだ。

もうひとつ、同時期に発表された米通商代表部（ＵＳＴＲ）の中国とロシアに関する年次報告書も重要である。中国に関しては１６１頁、ロシアに関しては59頁に上る。

中国政府の介入

両国は世界貿易機関（ＷＴＯ）への加盟を許されているが、彼らはＷＴＯに加盟したときに公約した市場経済のルールを守っていないと、ＵＳＴＲは非難している。その結果、世界の貿易慣行や制度が危機に晒されているとして、中国に関して次のように具体的に踏み込んだ。

01年のＷＴＯ加盟から16年、中国市場へのアクセスは未だに制限され、中国政府の介入は多岐にわたる。中国政府はアメリカ企業の最先端技術や知的財産の移転を強要する。中国政府は国家主導の経済体制を築いて、外国企業に不利な条件を課す。これらはことごとくＷＴＯ加盟国には馴染みのない不適切な慣行である。

このように厳しい非難を中国に浴びせたうえで、中露両国のＷＴＯ加盟をアメリカが支持したのは間違いだったと結論づけている。

国防総省の指摘もＵＳＴＲの指摘も、現実に基づいたものである。否定する材料はないと言っていい。日本にとって大事なことは、トランプ氏の言葉ではなく、政権が打ち出す基本戦略を見て、中国に対する評価を共有することだ。具体的に問われるのは、「一帯一路」やアジアインフラ投資銀行（ＡＩＩＢ）へ参加するか否かということでもあろう。

自民党内には、「一帯一路」に積極的に協力すべきという意見もある。だが、ここはあくまでも慎重に行動すべきであろう。米中両国が二つの体制、二つの価値観を掲げてせめぎ合っているのである。日本は、如何なる意味でも中国に加勢して、中国共産党主導の世界の構築に資するようなことをしてはならない。

トランプ政権の行動を見て、日本の国益に繋げていく判断が必要だ。トランプ氏の暴言などによって、アメリカへの信頼が失われつつあり、国際政治に空白が生じている。日本はアメリカと協力し、できるだけその空白を埋めていくという発想を持つべきだろう。日本の価値観を打ち出すときでもある。

（2018年2月1日号）

北朝鮮の船多数が漂着、備えを急げ

２０１７年、日本海沿岸で確認された北朝鮮木造船の漂流・漂着は１００件、12月だけで40件を超えた。北海道、青森、秋田、山形、新潟、佐渡、石川、福井、京都、鳥取、島根と広範囲に及ぶ。２０１８年も漂着は続いている。「特定失踪者問題調査会」の荒木和博氏の調査から拾ってみる。

・平成30（２０１８）年1月4日、秋田県三種町釜谷浜海水浴場に木造船の一部が漂着。
・5日　石川県白山市沖　木造船1隻。
・6日　秋田県由利本荘市松ヶ崎漁港　木造船の一部。
・7日　京都府京丹後市網野町　木造船1隻。
・8日　新潟市西蒲区間瀬《まぜ》海岸　木造船1隻。
・同日　秋田県男鹿《おが》市野《の》石《いし》申川《さるかわ》海岸　木造船の一部。
・10日　石川県金沢市下安原町安原海岸　一部白骨化した遺体1体とその15メートル先に木造船1隻。
・16日　右の木造船の中から遺体7体発見。
・21日　新潟県粟島　八幡神社から２００メートルの海岸で木造船の一部、赤字でハングル２文字。

・24日　石川県志賀町西海千ノ浦海岸で木造船、傷み激しく長時間漂流したものと推定。海洋問題に詳しい、東海大学教授でシンクタンク「国家基本問題研究所」(国基研)理事の山田吉彦氏が指摘した。

「2017年12月に漂着した船は漂流時間がそれ以前の船と較べて長いのが特徴です。動力を使わず、北西風に押されて荒れる厳寒の日本海を漂いながら、破壊を免れていた船が少なからずありました。船体がしっかりしており、乗っていたのは漁民というより体格のよい男達です。1年間で生存者は42人でした。前年、或いは前々年の生存者はゼロですから、大きな違いです」

山田氏はさらに語った。

「12月頃から小型船がふえています。船長12～15メートルだったのが、7～8メートルが多くなりました。悪天候の冬の日本海に乗り出すのは余りにも無謀ですが、大型、中型の船が少なくなっていると思われます」

国家より早く軍ができた北朝鮮

レックス・ティラーソン米国務長官は18年1月17日、日本側(河野太郎外相)から聞いた話として、17年日本海沿岸に100隻以上の北朝鮮の漁船が漂着し、乗組員の3分の2が死亡していたこと、生き残った漁民は北朝鮮に戻りたがっていることから逃亡者や脱北者ではなく、満足な燃料を積みこんでもらうことなく強制的に冬の海に出された漁民だと推測されることなどを語っている。

朝鮮問題専門家で国基研研究員の西岡力氏は、彼らが海に出される背景に北朝鮮の食糧不足があると指摘する。独裁者金正恩氏は14年、軍に漁獲量を確保して、全土の育児院、小・中学校、養老院に毎日魚を届けよと厳命している。その一方で、中国漁船300隻に1隻当たり3か月200万円で北朝鮮沿岸の日本海漁場での操業権を売った。結果、北朝鮮の漁船は沿岸から遠く離れた漁場に出されているというのだ。

「18年に入って、平壌のエネルギー事情はさらに悪化し、中国からのコークスの輸入が途絶えた結果、火力発電所が10日以上停止したと見られます。コメもトウモロコシにとって代わられつつあるという情報もあります」と西岡氏。

日本が主導してきた対北朝鮮経済制裁が効果を上げているのだ。金正恩氏はその窮状を隠して、いま大博打を打ちつつある。韓国で開催される平昌五輪大会開幕前日の2月8日、平壌で大規模な軍事パレードを断行する。金氏は、1948年2月8日が朝鮮人民軍創建の日だと、1月22日に突然、発表した。北朝鮮建国の日が同年9月9日であるから、北朝鮮では国家の前に軍ができたことになる。

軍事パレードで金氏は「国家核武力の完成」を宣言するだろう。核もミサイルも諦めるつもりは全くないのである。

翌日には南北朝鮮の合同チームが統一旗という奇妙な旗を掲げて平昌五輪開会式で行進する予定だ。平和とスポーツの祭典は北朝鮮の専制独裁者の生き残りを賭けた一大勝負に踏みにじられ、政治利用が極限に達するのを世界は目撃させられるのだ。

こんな開会式や五輪に騙されてはならない。この五輪は、誇りある韓国人には耐え難いであろう。国民に満足な食糧を供給することさえできない金正恩氏の醜悪なもがきにすぎない。平昌五輪への南北朝鮮合同参加が北朝鮮危機を緩和するなどとはどうしても考えにくい。韓国の文在寅政権の動向にもよるが、朝鮮半島の危機はより深まっていくと覚悟した方がいい。

「大量の難民上陸」

山田氏が警告した。

「なぜ、前例のないほど多くの船が漂着しているのか。北朝鮮は日本に大量の難民を送り込もうとしていると思います。北朝鮮有事で約40万人が難民化すると考えられます。うち、10万人から15万人が日本に向かい、うち半分から3分の2が海で命を落とし、日本には5万人が漂着すると想定できます」

実に恐ろしい話だ。半分から3分の2が海で命を落とすというのは、これまでに日本に流れ着いた北朝鮮の漁船の運命をもとに推定したものだ。だが、彼らはなぜ、危険な海路で日本に来ようとするのか。

主として2つの理由があると、山田氏は見る。まず、中国やロシアに逃れた場合、難民として保護してもらえる保証も、命を助けてもらえる保証もないかもしれない。対照的に、日本は国際法を守ろうと必死に手を尽くすだろう。難民に住居、着る物、食べる物に加えて、医療も施してくれると、彼らは確信している。朝鮮総連が身元引受人になれば、長期滞在も可能だ。たとえ工作員であることが見破られても、日本の刑務所は清潔で食事も医療も提供される。日本に関して彼らが恐れるものは何もないのだ。

2つ目の理由は、詳細は明らかではないが、日本には北朝鮮系団体が有する莫大な資金があり、それが彼らの目的だと、山田氏は言う。

荒木氏の警告も実感を伴う。

「数千、数万の難民の中には感染症を患っていたり、工作員としての密命を帯びている者も、必ずいるはずです。しかし、警察、海上保安庁、自衛隊も、大量の難民上陸には、到底、対処しきれません。日本は国として対処できる状況ではないということに、日本国民は気づいていない。そのこと自体が最も深刻な危機です」

２０１７年10月の総選挙は北朝鮮の危機に対処するための国難突破選挙だった。ならば、自民党も公明党も国会で国難突破の方法を論じよ。野党もまた、この国難を乗り越える方策を探る責任があることを自覚せよ。

（２０１８年2月8日号）

戦中世代の歴史証言を真摯に聞け

2017年10月の第19回中国共産党大会で習近平国家主席がとりわけ強調したのが国民教育の重要性である。中国での教育は、中国共産党が如何に優れた愛国の党であるかを軸とし、中華民族の偉大さを徹底的に教える内容だ。共産党に対する国民の忠誠と中華民族の誇り、そこに強い経済力と抜きん出た軍事力を加えて国家の柱とする。こうして中国は21世紀中葉には世界の諸民族の中にそびえ立つ存在になるという戦略だ。

このような中国の教育とは真逆の路線を歩んでいるのが、日本の教育現場に根を張る日教組の教員たちだろう。18年2月4日付の「産経新聞」が、静岡県で開催された日教組教研集会の様子を報じていた。

平和教育の実践例として、昭和6年の満州事変から20年の大東亜戦争終結までを「15年戦争」として小学生に教える事例が報告されたそうだ。だが、満州事変から15年間、ずっと戦争行為が継続されていた事実はない。小学生にそのように教えるのは不適切であろう。

また、郷土愛を育むために郷土の英雄について教えることは、「現状肯定の危険性」があり、「社会の矛盾や格差、搾取、支配者の狙いなど」にも注意を向けさせるべきだとの指摘が相次いだという。

中国が、共産党統治の下で法治、公平性、人権など、大事な価値観の多くを欠落させていることは周知の事実だ。だが、彼らは13億の国民のみならず全世界に向けて中国が優れた国だという偽りの教育をする。対照的に日教組は、中国より余程まともなわが国を相も変わらず批判し、反日教育を実践する。こんな教育で育てられる子供たちは、どんな大人にされてしまうのだろうか。

これまで日本が中国や韓国から歴史問題で事実に反する非難を浴びせられてきたのは周知のとおりだ。だが、「朝日新聞」の事例で明らかなように、日本に対する不条理な非難のほとんどは日本人が原因を作ってきたのである。日本人が、日本の歴史を暗黒の侵略の歴史と見做して、捏造話も盛り込んで、内外に広げてきた。

事実を発信

そのような考え方や精神を生み出す基盤となるのが教育である。教育現場で使われる教科書に注目せざるを得ないゆえんだ。

たとえば、いま、中韓両国が日本糾弾の材料と見做している徴用工問題を、各社の教科書はどう記述しているか。東京書籍は日本史Aで、「大東亜共栄圏」として「約70万人の朝鮮の人々が朝鮮総督府の行政機関や警察の圧迫のもと、日本本土に強制連行され」たと記述している。

実教出版は高校日本史Bで、「労働力不足を補うため、１９３９年からは集団募集で、42年からは官斡旋で、44年からは国民徴用令によって、約80万人の朝鮮人を日本内地や樺太、アジア太平洋地域などに強制連行した」としている。

山川出版社は「詳説日本史」「新日本史」「高校日本史」で各々、「数十万人の朝鮮人や占領地域の中国人を日本本土などに強制連行し、鉱山や土木工事現場などで働かせた」、「多数の朝鮮人や占領地域の中国人を、日本に強制連行して鉱山などで働かせた」、「朝鮮人や占領下の中国人も日本に連行されて鉱山や工場などで労働を強制された」としている。

どの教科書も、徴用工は「強制連行」だったと教えている。これではこれからの日本人が、韓国や中国の不条理な歴史非難に反論する正しい知識を身につけることなどできないだろう。中韓の主張をそのまま受け入れ、日本を非難することが真に良心的なのだと考える若者が育ちかねない。日本を貶めることを生き甲斐とするような人々がふえて、その負の連鎖の中に、日本全体が落ち込んでいきかねない。

安倍晋三首相以前の日本の首相は歴史問題で事実を発信しようとしてこなかった。むしろ、政府は事実を押し隠して中国や韓国の主張を受け入れてきた。政治がそうであれば、役所はそれに従う。三菱マテリアルが中国で徴用工の件で訴えられた事例では、同社に、事実を争うのではなく、中国側の主張を呑んで賠償金を支払うように、外務省が事実上指示した。「南京大虐殺」や「慰安婦強制連行・性奴隷」説についても、日本政府は事実を示すことさえ憚った。そんな時代がずっと続いてきた。

だが、事実だけが中韓両国の歴史捏造戦略に勝つ唯一の道である。事実を知っている世代は少なくなってしまったが、それでも貴重な証言をしてくれる人々はいる。

西川清氏は、2017年夏に102歳で亡くなった。氏は『朝鮮總督府官吏　最後の証言』(桜の花出版編集部編) の証言者である。氏は昭和8(1933)年に朝鮮総督府に任官して江原道に配属、朝鮮人の知事が統括する地方行政で内務課長を務めた。敗戦まで12年間、朝鮮人の知事を上司とし、日本人、朝鮮人両方を同僚や部下に持って働いた。

日本人が必死に努力したこと

私は幸運にも生前の西川氏と直接会話し、多くを聞くことができた。氏の証言は前述の書にも詳しいが、最も印象的だったのは「日本人も朝鮮人も自然なこととして仲良く暮らしていました」という言葉である。

不信に満ちた現在の両国国民の感情からは想像しにくいが、当時は日本人も朝鮮人も現在よりずっと良好な関係にあった。

朝鮮総督府の基本方針は「内鮮一体」であり、「皇民化政策」とも言われた。その意味を、西川氏は、日本と朝鮮の格差や差別をなくすことだと言い切った。氏は、差別があったことは否定していない。しかし、その差別をなくすように日本人が必死に努力したことを、現代の日本人にこそ、理解してほしいと語ったのだ。

朝鮮総督府では仕事は全て厳格すぎるほどのルールに従って、透明な形で行われた。徴用に関しては、まず総督府が各道（県）に人数を割り当て、指示命令は郡、邑《ゆう》（町）、面（村）へと、下位の自治体に降りていく。それは「強制」ではなく「説得」と「納得」の手続きだった、納得しない人は、徴用に応じなかったと、氏は言うのである。

西川氏は労働条件などをきちんと説明した上で徴用工を日本に送り出したが、誰一人、強制した事例はないと、穏やかながらきっぱりと言い切った。

また慰安婦の強制連行も「絶対に」ないと断言した。仮にもし、軍が女性を集めようとしたら、軍司令部は徴用工の場合と同じく、道→郡→邑・面の順で命令を降ろしていく。軍の命令で強制連行したのであれば、その命令文書が多く残っているはずだ。だが、そのような文書はない。ないのである。当時の実情を見れば、道の役所や警察には多くの朝鮮人が働いていた。氏の上司の知事は朝鮮人だった。上役にも下役にも多くの朝鮮人がいた。朝鮮の男性たちが、朝鮮の女性たちの強制連行を指示する命令書に、大人しく従うなどあり得ない話だと、氏は語った。私は本当によく理解することができた。こうした貴重な証言を、もっと教えていくことが大事である。

（2018年2月15日号）

精神的武装解除で北に呑まれる韓国

文在寅韓国大統領は待ち望んでいたマドンナを迎えたかのように、その全身から喜びを湧き立たせ、嬉しさを隠しきれない様子だった。

2018年2月9日、金正恩朝鮮労働党委員長の妹、金与正氏が訪韓すると、文氏は11日まで3日連続で彼女を国賓級にもてなした。与正氏は10日には文氏に正恩氏の親書を渡し、平壌に招いた。そのとき与正氏が文氏に「確固たる意志を持って決断する」よう求めたと平壌のメディアは報じ、文氏は「条件を整えましょう」と答えたとソウルのメディアは報じた。

11日、与正氏と隣り合って北朝鮮の「三池淵《サムジヨン》管弦楽団」のソウル公演を観覧した席で、文氏は「心を合わせ、難関を突破しよう」と呼びかけた。

韓国訪問の初日、与正氏はアゴを上げて相手を見下すような硬く冷たい表情だった。ところが3日目には柔らかく親しみ深い笑みがふえ、文氏もすっかり相手に馴染んだかのような様子に変わっていた。文氏が完全に北朝鮮のペースに嵌っている。韓国を引き入れ、米韓同盟に亀裂を走らせ、日本とも引き離そうという北朝鮮の思惑を警戒するどころか、むしろ喜んで乗っているのだ。

国際社会の経済制裁が効き始めた結果、資金もエネルギーも食糧も大いに不足し追い詰められた北朝鮮に復活の機を与えるのが文政権の意図だ。与正氏は10日の昼食会の席で「早い時期に平壌でお会いできたらいいですね」と語ったが、その言葉どおり、文氏の北朝鮮訪問は驚くほど早期に実現するかも知れない。

なんといっても文氏は名立たる親北勢力だ。インターネット配信の「言論テレビ」で、「産経新聞」編集委員、久保田るり子氏が語った。

「文氏は歴代政権中、正統性がある政権は3つだと言っています。金大中、盧武鉉、そして自分自身の政権です。金大中も盧武鉉も北朝鮮べったりで、南北首脳会談を行い、金や物資を北朝鮮に渡しました」

北朝鮮に貢いだ政権

韓国の経済的繁栄の基盤を築いた朴正熙大統領やその後の全斗煥大統領など、北朝鮮と対峙した政権は全否定し、北朝鮮に貢いだ政権を評価するわけだ。朝鮮問題が専門の西岡力氏も「言論テレビ」で語った。

「金大中らは南北朝鮮の連邦政府を実現しようとしました。韓国全体を北朝鮮に捧げるという意味です。いま連邦政府を実現しようとすれば、韓国は直ちに真っ二つに割れる。文氏はそこに踏み込む前に敵である保守勢力を潰滅させようとするでしょう。たとえば韓国ではすでに李明博元大統領逮捕の日程が具体的に取り沙汰されています」

金大中氏も盧武鉉氏も大統領選挙では政敵と戦った。文氏の政敵である朴槿恵氏は逮捕され、財界の重鎮、閣僚ら35人も逮捕された。選挙戦で文氏の敵となり得る有力者のほぼ全員が文氏らに煽動された大規模な左翼主導のデモや偏った報道によって選挙前に一掃されたのである。敵が排除されて選挙戦に臨んだのは、文氏が初めてだ。

用心深くしたたかな文氏は、金大中氏の命日である8月18日に演説した。「なぜ、金大中氏の目指した南北朝鮮の連邦政府は実現していないのか。私は絶対に実現させて御遺志に応えます」と。

「そのために、国内の保守派、韓国の主流派勢力を全て取り替えると、文氏は誓っています。先述の3政権だけに正統性があり、他は全て親日親米で反民主勢力だと論難しています。韓国の主流派勢力を排除して、北朝鮮と共に連邦政府を創るのが狙いです」と西岡氏。

このような考え方だから、北朝鮮の提案にいとも簡単に乗るのだ。その北朝鮮の提案がどれだけ性急になされたかを見れば、彼らがいかに追い詰められているかも自ずと明らかになる。金正恩氏が２０１８年元日の演説で平昌五輪に参加してもよいと述べたこと自体が、正恩氏の焦りを象徴している。

北朝鮮は17年11月29日に火星15の発射が成功したと発表したが、12月22日、国連の制裁決議が採択されてしまった。正恩氏はこの時点で、翌年つまり２０１８年の作戦を平昌五輪参加という対韓平和攻勢に急遽、切り替えたと見てよいだろう。五輪参加で時間も稼げる、制裁も逃れられる。あわよくば韓国から金品も取れる。

対韓平和攻勢は決まったが、アメリカにはいつでも本土攻撃ができると威力を示さなければならない。それが18年2月8日の軍事パレードだった。

元々朝鮮人民軍の創設は1948年2月8日とされてきた。日本の敗戦後、ソ連軍が北朝鮮に入り、金日成を人民委員会のトップに据えて、人民軍を作ったのだ。

その後70年代に金正日が歴史を捏造した。父親らパルチザン世代こそが英雄で、朝鮮人民軍が日本と戦って勝ったのだと言い始めた。そのために軍の創設は32（昭和7）年4月25日に変更された。以来ずっとこの日が軍創設の日とされてきた。

制裁が効いている

だが、平昌五輪の前に軍事パレードを行い、アメリカに武力を誇示しなければならない。そこで以前に使われていた「2月8日」を突然持ち出し、革命軍は4月25日に作ったが、正規軍は2月8日だったと言い始めた。

無茶苦茶な話ではないか。第一、これでは48年9月9日の建国の前に軍ができたことになる。しかし、文氏は北朝鮮のハチャメチャ振りを一向に気にしない。ひたすら擦り寄るのだ。

強行した軍事パレードで注目すべきは火星15を載せた移動式発射台だと、西岡氏が解説した。

「発射台のタイヤは9本、2列で18本です。以前は片側が8本で中国製でした。ところが片側9本のものが登場した。しかも北朝鮮が国内生産したタイヤです。多軸の移動式発射台はタイヤが多い分、曲がる時、微妙に角度を変えなければならず技術的に難しいのです。それを作った。加えて4台も出てきた。アメリカの東海岸に到達するミサイルを、少なくとも4発、別々の場所から撃てることを見せたのです」

本気でやるつもりなのか。ただし、専門家らは本気にしては車輌の数が少ないという。恐らく燃料不足ゆえだろうと見る。制裁が効いているのだ。

だから、できるだけ早く韓国からむしり取らなければならない。こうした思惑で急遽、戦略を変えたのであろう。変更は前述したように12月22日に国連の制裁決議が採択された頃であろう。そこから朝鮮人民軍の創設が2月8日に変更される事態が起きたと見て、ほぼ間違いない。ちなみに戦略変更前に印刷が終わっていた18年の北朝鮮のカレンダーの建軍節は4月25日になっているそうだ。

これからの米中の動きは読みにくいが、精神的に武装解除された文氏は北朝鮮に手繰り寄せられていくだろう。韓国は丸々向こう側に吸収されかねない。日本は防衛費を倍増する勢いで軍備を整え、国防を確かなものにしなければならない。

（2018年2月22日号）

平壌でも謝罪を計画していた吉田清治

2018年2月5日、元自衛官の奥茂治氏に会った。氏は、慰安婦問題で嘘をつき、現在の日韓関係のこじれの原因を作った吉田清治氏の、まさにその子息の依頼で、清治氏が1983年暮れに韓国忠清南道天安市の「望郷の丘」に建てた「謝罪の碑」を損傷した人物だ。奥氏は自分の行為を韓国当局に自ら報告し、召喚に応じて韓国に赴き、身柄を拘束され、出国禁止措置、起訴、裁判を経て、1月11日、懲役6か月、執行猶予2年の判決を受けた。

7か月以上にわたった出国禁止措置にもめげず、氏は元気だった。多くの友人を作ったらしく、帰国前には、30人を超える韓国人が別れの宴を催してくれたそうだ。

「人間を知ってみると憎めない国ですよ。私は逃げも隠れもしないのに、韓国の裁判所は私を出国禁止にし、その間、ホテル暮らしです。近所の人たちが大いに同情してくれて友達になり、歓送会も盛大でした」

一般庶民はこのように親切ではあるが、一方で反日感情に毒されてもいる。そのはじまりが吉田氏の嘘ばなしであり、氏を持ち上げた「朝日新聞」であろう。奥氏が語った。

「法廷闘争の中で、いろいろな資料に目を通しました。検察側が提出した資料の中に驚くべきものがありました。在日本大韓民国婦人会中央本部に宛てた吉田氏の陳情書です。1983年5月19日付け、手書きで4頁です」

その中で吉田氏は「3つの願い」を書いている。①「韓国人を強制連行した」人間として、サハリン残留韓国人を養子にして償いの一端としたい、②「強制連行謝罪碑」を建てたい、③「板門店経由平壌往復旅行」をしたい、である。

①は実現していない。大高未貴氏が清治氏の子息の独白を、『父の謝罪碑を撤去します　慰安婦問題の原点「吉田清治」長男の独白』（産経新聞出版）にまとめた。その中で長男は父親の清治氏について、「生涯、仕事らしい仕事に就いたことがない」と語っている。このでたらめな父親の生活を支えたのが子息である。子息頼りで暮らしていた吉田氏が、養子を迎えて面倒を見たいと申し入れていた。その無責任振りには呆れるばかりだ。

収入につながる「謝罪旅行」

②は、同陳情書から約7か月後に望郷の丘に碑を建てて実現した。

注目は③である。吉田氏は、「板門店経由平壌への道は、三十数年間にわたって、往来が途絶えてい」る、「根本的な原因は日韓併合であって、原状復帰の責任は日本人に」あると書いている。

日本の敗戦後、旧ソ連は北緯38度以北を占領し、以南を米国が占領した。金日成は旧ソ連の力を借りて北朝鮮を席巻し、1948年9月9日に朝鮮民主主義人民共和国を建国した。南北分断の責任は日本よりも米ソにある。だが、吉田氏にとって、歴史の事実などどうでもよかったのであろう。氏は謝罪して収入を得る、つまり謝罪ビジネスで身を養っていく道にすでに足を踏み入れていたのだ。

吉田氏が右の陳情書を書いたのは1983（昭和58）年5月19日だった。その2か月余り後の7月31日にはあの悪名高い著書『私の戦争犯罪　朝鮮人強制連行』を三一書房から出している。同書で氏は、韓国済州島で連日、暴力的な「慰安婦狩り」をして1週間で200人の若い朝鮮人女性を「狩り出した」と書いた。

この本を出した頃、吉田氏はそれまで長男と住んでいたアパートを引き払い、それ以前の家賃の3倍もする所に移った。お金の心配をする長男に吉田氏はこう言ったそうだ。

「500万、1000万はすぐに入るから心配しなくていい」

どのようにしてそんな大金を手に入れるつもりだったのか。陳情書に書いたことと無縁ではあるまい。

「この道を通って、ソウル・平壌間を往復して『謝罪旅行』を行なう事は、私の悲願であります」

この頃、吉田氏は日本国内で自らの「戦争犯罪」を懺悔する講演を行っていた。当然、講演料としての収入があったであろう。

さて、氏は「謝罪旅行」には2つの目的があると、書いている。①黄海道、平安南道、平安北道、咸鏡南道、咸鏡北道の五道（県）の韓国人に謝罪する為に「強制連行謝罪碑」を平壌にも建立させてもらう、②南北分断家族の手紙を平壌に配達したい、そのために、金正日夫人宛の手紙を、韓国政府高官の夫人から託してもらえればそれを届けたい。

収入につながるであろう謝罪旅行をし、金正日夫人へのメッセンジャーになりたいというのである。

吉田氏の子息は、父親は戦前戦中に済州島に行ったことはないとして次のように証言している。

「(済州島に行ったことのない)父は、済州島の地図を見ながら、原稿用紙に原稿を書いていました」

対外発信する責任

大高氏が、行ったこともない済州島について、吉田清治氏はなぜ、あれほど克明に書けたのか、と驚いて吉田氏の子息に尋ねている。

「ですからそれは、出版社や周りにいた人たちに発言をしていただきたいんです」と子息。

新聞社も出版社も自分の父親の共犯だと言っているのだ。

こんな人物の嘘を朝日新聞は十分調べもせずに大きく報道し、そのうえ、長年放置した。朝日新聞も、朝日で慰安婦報道に関わった記者たちも恥を知るべきであろう。奥氏が実感を込めて語った。

「日本では朝日は吉田証言は虚偽だとしてすべて取り消しましたが、そのことは韓国を含む海外には伝わっていない。私は裁判で朝日が吉田証言をすべて取り消したと言ったのですが、裁判官も検察も全く知りませんでした。そこで私は朝日が実際に自社の記事を取り消したことを、詳しく証明しなければなりませんでした」

改めて指摘したい。如何に自社の報道が間違っていたかを、英文、ハングル、中国語などで明確に対外発信する責任を朝日新聞は果たすべきである。

興味深いのは、韓国の司法が、奥氏のケースを手早く片付けようとした点だ。

「取り調べ中、検事に3回、強く勧められました。罰金50万ウォン（約5万円）で帰国させてやる。早く日本に帰れと。彼らは吉田清治が大嘘つきで、朝日新聞の報道も大嘘だったことを韓国に広めたくなかったようです。そこで私は主張しました。どうか起訴してください。吉田証言はすべてデタラメです。父親の嘘が大新聞で報道され、日本人全員が酷い精神的苦痛を被っているのに、吉田氏の子息には世界に広まった父親の嘘を打ち消す力がない。しかし謝罪の碑は父親の印税で建てられたとされており、父亡きいま、息子の自分に碑の所有権も、処分する権利もある。その権利を、子息は私に行使してほしいと頼んでいるのです。だから、5万円で帰国なんてできません」

結局、韓国司法は奥氏を起訴し、有罪とした。奥氏が笑って語る。

「吉田氏と朝日の嘘が伝わることが大事です」

（2018年3月1日号）

第6章　真の「国益」とは何か

想像を絶する韓国文政権の北への服従

史上最も政治的に利用された平昌五輪が一区切りついて、パラリンピックへと舞台は移る。選手たちの活躍の舞台裏で、醜悪な左翼テロリスト勢力の鋭い爪が着実に韓国を捕らえたと思われる。

北朝鮮の金正恩朝鮮労働党委員長は平昌五輪閉会式にテロ活動の総元締め、金英哲朝鮮労働党副委員長を送り込んだ。この件について、朝鮮問題の専門家で「国家基本問題研究所」研究員の西岡力氏と2018年2月23日、「言論テレビ」で、眼前の危機を読み解いた。

英哲氏は2010年に韓国の軍艦「天安」を魚雷で沈め、軍人46人を殺害した張本人である。正恩氏がそんな人物を送り込んだのは、本当に自分の命が狙われているという恐怖心ゆえだと、西岡氏は説明する。

「北朝鮮で『あの世からの使者』と呼ばれ恐れられていた男が金元弘《キムウオンホン》前国家保衛相でした。正恩氏の叔父の張成沢《チャンソンテク》も人民武力部長の玄永哲《ヒョンヨンチョル》も彼が処刑したのです。それが2017年初めに国家保衛相を解任されて軍に異動させられ、秋には家族共々、農場に送られ平の農場員にされました。理由は、これまた正恩の恐怖心でしょう。北朝鮮政府のかなりの高位にいた人物が脱北して韓国のテレビで繰り返し述べたのです——歴代の国家保衛部長は粛清が終わると自身も粛清されてきた。金元弘が馬鹿でなければ、自分が粛清される前に行動するだろう。金正恩を暗殺するとしたら金元弘だ」

正恩氏はその報道を聞いたかもしれない。また、余りに権力を集中させすぎた人間が自分に牙を剝くかもしれない、であれば、粛清するべきだと考えたかもしれない。最側近も信じられないほど、正恩氏が脅えているということだ。

正恩氏が最も恐れるのがアメリカだ。17年11月、国防総省は北朝鮮有事に備えて「戦争ゲーム」の想定訓練をした。前提は同盟国の韓国や日本の大都市に被害を出さない、中国軍の北朝鮮侵入を許さない、である。

小型の核爆弾しかない

北朝鮮は38度線に沿って少なくとも200基のミサイルや通常の攻撃用兵器を韓国や日本に向けて配備し、地上にも地下にも拠点を設置済みだ。これらの攻撃能力を一気に封印して反撃能力を奪うには、手立てはひとつ、小型の核爆弾しかないという結論が、戦争ゲームで導き出された。

折しも国防総省は18年2月2日にアメリカの「核戦略見直し」を発表した。「爆発力を抑えた小型核兵器の開発」を打ち出し、「敵に本当に核兵器を使用すると思わせ抑止力を強化する」「潜水艦発射弾道ミサイル（SLBM）、水上艦発射巡航ミサイルなどに搭載する小型核の開発」などを強調している。

元防衛庁情報本部長の太田文雄氏は、米軍がB－2爆撃機にB61という低出力の核爆弾を搭載して飛行したと、敢えて公表したことを重く見る。その発表は16年10月6日だった。

B－2爆撃機は完全なステルス性を誇り、見つからずに北朝鮮領空まで接近できる。精密誘導ミサイルから発射されるB61は、正恩氏の居場所と目される地下基地に精確に発射され、バンカーバスターのように地中深く到達して地下基地を破壊する。

こうすれば、広い範囲に被害が及ぶことも大気の放射能汚染も防げる。アメリカは18年、B－2爆撃機をグアムに配備したが、北朝鮮には3時間で到達する距離だ。

「アメリカの戦争ゲーム、B－2爆撃機とB61核爆弾、金元弘の追放。全てひとつにつながります。正恩が相当な恐怖を感じている。危機の出口として文在寅大統領の利用を考えたのが平昌五輪参加であり、妹の金与正のみならず金英哲の派遣でしょう」と西岡氏。

金英哲氏は「天安」攻撃のとき、朝鮮人民軍偵察総局長だった。朝鮮人民軍には元々武力謀略戦に従事する偵察局があった。1983年のラングーン事件は彼らの所業だ。この軍のテロ組織と、大韓航空機爆破犯の金賢姫らが所属していた党のテロ組織が合併して、09年にできたのが偵察総局である。英哲氏は初代総局長となり、10年に「天安」を撃沈させた。

「今回、文政権は天安事件の首謀者は金英哲だと特定されていないと弁明しましたが、嘘です。10年11月の韓国国会で国防大臣が主犯は金英哲と断じています」と、西岡氏。

英哲氏は悪事を重ね、悪事に成功して出世した。12年には中将に、さらに大将に昇進し、16年に統一戦線部長に上り詰めた。

「統一戦線部は合法、非合法の全活動をします。韓国で地下政党を作らせるなど、お手のものでしょう」

北朝鮮への支援金

「統一日報」論説主幹の洪熒《ホンヒョン》氏は憤る。

「文在寅は開会式のレセプションで申栄福を尊敬していると全世界に発信しました。申は金日成が韓国に作った地下革命組織、統一革命党の秘密党員でした。68年8月に摘発されて70人くらいが逮捕された。党首の金鍾泰《キムジョンテ》ら3人は死刑判決を下された。このとき、金日成が鍾泰奪還を目指して工作船を送り込み銃撃戦になりました。結局、彼は死刑を執行されましたが、処刑のとき、『金日成万歳』と言って死んだのです。金日成は彼を讃えて北朝鮮の海州《ヘジュ》師範大学の名前を金鍾泰師範大学に変えたほどです」

金鍾泰らと共に逮捕された申栄福は無期懲役で服役した。彼はその後恩赦で釈放された。申は書がうまく、「通」と大書した作品が青瓦台に飾られている。南北統一で道が通るという意味だ。

「その書の前で文大統領は今回、金日成の孫の与正氏と記念撮影したのです。そうしたことを具体的に調整したのは、文大統領を支える秘書室長（官房長官）の任鍾皙《イムジョンソク》でしょう」と西岡氏。

任鍾皙とは何者か。西岡氏は、韓国のテレビ各局が北朝鮮の映像を利用するとき、任氏が著作権料を払わせ、その受け皿としての財団を作り、自身が北朝鮮の代理人になって送金をしてきたと指摘する。洪氏も指摘した。

「2017年12月、文氏は中国を訪問しましたが、その直前の12月9日から12日まで、任鍾皙がUAEとレバノンを訪れました。大統領でもない人物の単独外交は異例です。北朝鮮への支援金が何らかの形で受け渡されたのではないかと、私は見ています」

正恩氏は英哲氏を送り込むことで文氏の忠誠心を試したのである。文氏は平昌で英哲氏らと1時間も話し込んだ。文氏は北朝鮮の核問題にもミサイル問題にも天安艦撃沈問題にも触れていない。これこそ北朝鮮による工作が深く浸透している証左ではないか。これらは全て日本への脅威となって跳ね返ってくる。朝鮮半島の現状は、極東情勢がまさに100年に一度の危機にあることを示している。その危機を前提にした憲法改正を考えるときである。

（2018年3月8日号）

自民党は9条改正案をまとめきれるか

２０１８年2月末日、自民党本部の大講堂で開かれた憲法改正推進本部全体会合には約１５０人の議員が集まった。普段、ギリギリに行っても部会には座る席があるが、この日は約30分も前から席取りをしたと、参議院議員の青山繁晴氏は語った。

１５０人中１２０人があらかじめ憲法改正私案を提出しており、事務局が論点整理をした。１２０の案は大別して3分類できる。安倍晋三総裁提出の9条１、２項を残して自衛隊を書き加える案、同じ条件で自衛隊ではなく自衛権を書き加える青山氏らの案、石破茂氏の、２項を削除し戦力の範囲を憲法で規定する案である。

全体会合ではこれらを踏まえて19人が意見を述べ、約40人が挙手したが時間切れとなった。自民党は約２週間後に再び全体会合を開き、３月25日の党大会に何らかの案を提出する構えだ。３月2日、「言論テレビ」で青山氏が語った。

「よく存じ上げていなかったのですが、細田（博之）本部長は凄い人です。温厚なお人柄だと思いますが、石破さんとも皆の前で正面から対決なさる。憲法改正への気迫満々で驚きました。僕は、思いがけず自民党の議員になって1年半ですが、新人議員もベテラン議員もここまで平等に自由闊達に、そして本気で、9条改憲を話し合うのかと驚きました」

17年5月3日に安倍首相が自民党総裁として前述の案を提案して以来、党内の憲法改正論議がようやく進み始めた。大講堂では最前列に本部長の細田氏をはじめ、いわゆる「インナー」と呼ばれる「偉い人」たちが陣取っていたという。彼らは全体会合が始まる前にすでにインナーだけの会議をし、「そこでも凄いバトルがあったと聞いています」と青山氏。

自民党内の憲法論議は外から窺うよりも激しく展開されていると見てよいのであろうか。そのように信じてよいのであろうか。

スレスレの状況

先に大別された3案の内、石破案は安倍案を真っ向から批判するものだ。青山氏が語った。

「憲法改正は9条2項の削除を含む、真っ当な形で成し遂げるべきだという石破氏の主張には、安倍首相も私も含めて、改正論者は誰も反対しないでしょう。しかし、憲法制定から70年も過ぎて未だに一文字も改正できていない。結果を出さなければならない政治家として、同じ理念的主張ばかりしていては1ミリも前に進みません」

石破氏もそのことを理解できるから、2項を維持した上で自衛隊を明記する案が党の正式案に決まった場合はそれに従うと、各紙に語ったのであろう。

国際環境がかつてなく厳しいいま、政治家は何といっても国民を守り、国土を守る最前線に立たなければならない。そのためにはどうしても憲法改正が必要だ。改正にはまず衆参両院で総議員の3分の2を確保して発議に結び付けなければならない。それが如何にスレスレの状況であるか。青山氏の説明だ。

「自民、公明は、衆議院では両党だけで総議員の3分の2を、2議席上回っています。ところが参議院では全く違います。参議院の3分の2は162議席、自民が125、公明が25で150しかありません。維新の会の11議席を足しても、1議席不足です。無所属の議員などから支持を得るとしても参議院の状況は本当に厳しいんです」

より広範囲な支持の獲得が非常に大事である。現実的な知恵を働かせなければならない。与党の一翼を担う公明党による全面的な協調が必要な上に、他党の支持を積み増さなければ発議さえできない。

その意味で、青山氏は独自案を出してはいるが、自案どおりでなければならないというのではなく、自案も叩き台のひとつだと語る。党の案がまとまれば、それを支持すると明言した。この厳しい状況下では一致協力することが大事だということだ。

そこで詳しく9条1項、2項と自衛隊の関係を見てみよう。政府の公式の考え方は、日本が独立国である以上、9条は主権国家としての固有の自衛権を否定するものではない、自衛隊も否定するものではないというものだ。自衛権を行使するために「必要最小限度の実力を保持することは、憲法上認められる」とも言明している。

一方、9条2項は「陸海空軍その他の戦力は、これを保持しない」である。だが前述したように、自衛権行使を担う自衛隊には「必要最小限度の実力」を持つことが許されている。そのために、自衛隊を「戦力」部隊ではないが、「実力」部隊だと位置づけて、自衛隊の存在を守る理屈としてきた。

1900人もの隊員が殉職

自衛隊は「戦力」ではないが「実力」だということの定義は、どう考えてもまやかしの臭いがする。国際社会の常識は、日本国の憲法論という摩訶不思議な歪んだ鏡の世界の中に放り込まれると、あちらにもこちらにも屈折して反射し、迷宮理論になり果てる。まやかしの考え方が真っ当な現場をつくれるはずがない。事実、自衛隊員が命がけで働く現場では憲法が大きな制約となっている。

たとえば中国船に尖閣諸島上陸の動きが見えたと仮定する。中国はわが国の憲法や法律の実態を十分に研究しており、日本国内の非現実的な議論にも通じている。従って彼らは上陸の際、日本が手を出せないような方法を選ぶだろう。中国公船は外見上は正規軍ではない。自衛隊は、相手が軍ではない場合、手を出せない。政府も自衛隊に上陸阻止の出動、即ち、防衛出動を命じることはできない。何故なら、防衛出動は組織的な武力打撃(全面的な有事、即ち戦争)、あるいはその明白な危険が認められる場合にしか発令されないからだ。明らかな有事、誰の目にも明らかな戦争にならなければ自衛隊は自衛権の行使ができないのである。

では前述の尖閣諸島への中国公船による上陸に対しては何ができるのか。海上警備行動である。だがそれは国内警察法に基づく行動にすぎない。相手の攻撃を受けた結果、正当防衛の権利が発生し、それに基づいて戦うというもので、武器使用にも大きな制限がある。

このような制限つきで自衛隊は今も国防の任務についている。尖閣諸島や海を守り、中国機やロシア機の侵入に緊急発進する。大災害のときも急患輸送のときも最前線に立つ。結果、190

0人もの隊員が殉職してきた。そのような自衛官とご家族に、国民として感謝の思いを表現するためにも、憲法に彼らの存在を書き込み、自衛権の担い手としての実力部隊が自衛隊であると明白にすることの意味は大きい。

それでも不足だという主張は重々承知だ。しかし、民主主義のわが国では、国民の総意がその域に達しない限り、それ以上の改正は時期尚早だということになる。国民が国の形を決することを肝に銘じたい。

（2018年3月15日号）

騙されるな、金正恩の瀬戸際外交

ドナルド・トランプ、金正恩、文在寅——3人のユニークな国家指導者が繰り広げる外交が、米朝首脳会談を成功に導き、朝鮮半島情勢の安定がもたらされる可能性は低いであろう。

3人の共通項は、早急に大きな果実を手にしたいという思惑だ。トランプ大統領は2018年秋の中間選挙を前に低いままの支持率を押し上げたい。

金朝鮮労働党委員長の足下では高齢者や子供たちの中から餓死者が出始めている。正恩氏は困窮した経済を脱して生き残らなければならない。何よりも自身に対する斬首作戦を回避しなければならない。

文大統領は国民がその危険に気づく前に一日も早く憲法を改正し、韓国を社会主義化してしまいたい。

三者三様の思惑が、急展開する外交の背景にある。18年3月5日、文大統領の特使団として北朝鮮を訪れた鄭義溶国家安保室長及び徐薫国家情報院長は、翌日韓国に戻り、北朝鮮の体制の安全が保証されれば核を保有する理由はないという正恩氏の伝言を発表した。正恩氏はトランプ氏に「できるだけ早く会いたい」とも伝えてきたという。

鄭氏らは南北会談の内容を報告するために8日午前、ワシントンに到着、午後にはホワイトハウスに招かれた。鄭氏はマクマスター国家安全保障問題担当大統領補佐官に、徐氏はハスペルCIA副長官に直接報告した。

その後、右の4人にペンス副大統領、マティス国防長官、コーツ国家情報長官、ダンフォード統合参謀本部議長、ケリー首席補佐官が合流、在米韓国大使も参加した。

鄭氏らはトランプ大統領とは翌日、会談する予定だったが、韓国代表団がホワイトハウスにいると知った途端、トランプ大統領は待ちきれずに彼らを執務室に招き入れた。

米朝首脳会談を望んでいるとの正恩氏の申し入れなどについて、トランプ氏はすでにCIAの情報で把握していたと「ニューヨーク・タイムズ」（NYT）紙などが報じていた。

外交素人のトランプ氏

トランプ氏は実は、韓国代表団がワシントンに到着する8日午前よりも前の段階で、正恩氏の提案についてティラーソン国務長官に電話で伝えていた。但し、最も重要なこと、正恩氏との首脳会談に応じるという結論は、国務長官には伝えていない。そのかわりに同日午後5時8分に「会談を計画中だ！」とツイッターで発信したのである。外交を担うティラーソン氏はどんな気持ちだったろうか。

さて、思いがけずもいきなり大統領執務室に招かれた鄭氏らはどうなったか。鄭氏の説明を聞くや否や、トランプ氏は正恩氏に4月にも会うと答えたのである。慌てたのは鄭氏である。正恩氏との会談で、文大統領の先を越されては困る。そこで米朝首脳会談は南北首脳会談の後がよい、とりあえず5月だということになった。

これだけでも前代未聞の即断即決、大国外交にあるまじき異常事態だが、異常はまだ続いた。トランプ氏は、米朝首脳会談実現へというニュースを、そのまま、ホワイトハウスで発表することを提案したそうだ。

その性急さに驚いた鄭氏は、マクマスター補佐官の部屋に急ぎ、発表文作成の共同作業に入った。それから、盗聴されない電話で、恐らく就寝中だった文大統領に連絡して事の推移を説明し、了承を得たという（NYT紙）。

その間にトランプ氏は何をしたか。普段は「フェイクニュースだ！」と忌み嫌っているメディア各社が控える記者会見室に自ら足を運び、「鼻高々」でこう予告した。

「間もなく重要発表があるぜ」

ティラーソン国務長官、マティス国防長官、マクマスター補佐官、ケリー首席補佐官らトランプ氏の側近はいずれも、正恩氏からの首脳会談申し入れへの対応について事前に大統領から意見を聞かれたりしていない。中国が背後に控える北朝鮮政策で、アメリカは国家戦略を練る時間もなく外交素人のトランプ氏の気まぐれに任せるしかないのか。

韓国政府代表団がホワイトハウスの会見室で発表することについても異論が出た。結果として記者会見室ではなく、ホワイトハウスの敷地内の道路上で青空会見を開くことになった。それでも、韓国政府要人が重要な外交政策に関して、米大統領の決定を発表した点において、同会見は歴史に残る異例のものとなった。

トランプ氏の決断の危うさは、しかし、翌日には早くも明らかにされた。サンダース報道官が、米朝首脳会談開催には前提条件がある、「金正恩氏が非核化の具体的かつ検証可能な行動をとらない限り、大統領は会わない」と発表したのだ。前日の大統領発言を否定したのである。

9日午後の同会見では、トランプ氏の決断についての質問が繰り返された。正恩氏の非核化の約束など信じられるのか、拘束されているアメリカ人3人を取り戻すことも要求せず、なぜ会うのか、2か月の準備期間で正恩氏の約束履行を確認できるのか、大統領は記者会見室ですごいニュースを発表すると言ったが、中国など関係諸国に通知する前にマスコミに発表してよいのか。いずれも真っ当な質問である。

北朝鮮の狙い

ホワイトハウスも国防総省も突然の発表に驚いている、彼らはマスコミ報道で大統領の決断を知った、そのような外交は危険ではないか、などと、質問はなおも果てしなく続いた。

サンダース氏は、北朝鮮の核廃棄など具体的行動があって、初めて首脳会談が行われる、具体的行動なくして首脳会談はないと繰り返した。

トランプ氏は恐らく米朝外交の詳しい歴史も複雑な内容も、北朝鮮の嘘にまみれた厚かましい外交手法も、知らないに違いない。「ぶれずに圧力をかけたのは自分だ。自分に正恩氏はかなわない」と過信しているのではないか。圧力の効果はそのとおりだが、それでも余りにも拙速なトランプ外交への揺り戻しが政権内から出たに違いない。それが9日以降の動きである。

北朝鮮の主張する非核化と、日本やアメリカが主張してきた非核化は、言葉は同じでも意味は全く異なる。

日米を含む世界が主張する非核化は北朝鮮の保有する全核物質、核関連施設、核兵器開発計画そのものを、「完全に」「検証可能な」「不可逆的な」方法で「解体」するというものだ。これは通常「ＣＶＩＤ」(Complete, Verifiable, and Irreversible Dismantlement) と呼ばれる。

他方、北朝鮮の主張する非核化は「自衛用の北朝鮮の核を廃棄する前に、北朝鮮に核武装を迫った原因、つまりアメリカの核の脅威を取り除くことが必要だ。アメリカが朝鮮半島から核を撤去すれば北朝鮮も核を放棄する。結果として、朝鮮半島の非核化が実現する」というものだ。

北朝鮮の主張はさらに続く可能性もある。たとえば、朝鮮半島に核を置かなくても、ミサイルに搭載して攻撃できる。それを確実に避けるために、米韓同盟を解消して米軍は撤退してほしいというようなことだ。とどのつまり、北朝鮮の狙いは米韓や日米の切り離しであることを忘れてはならない。

（２０１８年3月22日号）

反安倍の印象報道に既視感あり

日本の国会は何とかのひとつ覚えではないが、ずっと、いわゆる「モリカケ」問題に集中している。その最中、財務省が発表した「決裁文書の書き換えの状況」(以下報告書)を読んだ。78頁にわたる報告書から読み取るべき点は2つである。第一は決裁文書の書き換えという許されないことを、誰が指示したのかだ。

次に、野党は安倍晋三首相夫妻の責任を問うが、果たして首相は森友学園に関係する土地売却や財務省の決裁文書書き換えに関わっていたのかという点である。政治への信頼がかかっているだけにはっきりさせなければならない。

そのようなことを念頭に報告書を精査したが、どう見ても、これは財務省自身の問題である。報告書から、森友学園が近畿財務局に少なからぬ要求を出していたことが伝わってくる。森友学園には近畿財務局が対応しており、彼らは大事な局面で本省の理財局に報告していた。本省と相談し、許可及び指示を得て、森友側の要請に応えた構図が報告書では浮き彫りとなっている。そこに安倍首相や昭恵夫人が関わり得る余地はないと断じてよいだろう。

にも拘らず、主要メディアはすでにおどろおどろしい印象操作報道に走っている。他方野党は同問題を安倍政権潰しの政局にしようとしている。政治には権力闘争が付き物だとしても、2017年、日本列島に吹き荒れた根拠なき反安倍の嵐は、日本の政治をかつての旧い体制に引き戻そうとするものだった。野党も多くのメディアも、反安倍路線に走る余り、驚くことに、驚くことに、岩盤規制を守る側に、事実上立ったではないか。

いま耳にする批判は、安倍首相の「一強体制」が悪い、それが官僚を萎縮させ、忖度させているというものだ。だが、民主党も政権を取った時には政治主導を主張した。事務次官も含めて官僚の意見をきかず、大臣がおよそ全てを主導しようとしたのが民主党政権だった。その彼らがいま、内閣人事局が官僚を萎縮させ、首相の言葉などを忖度させると論難する。だが、そもそも内閣人事局の設置は、民主党政権でも目指したものではないのか。

民主党も望んでいたこと

内閣人事局の権限は強大ではあるが制限もある。審議官級以上の人事の最終決定権は内閣人事局にあるが、内閣人事局が次の局長や次の事務次官を指名することはできない。人事構想はまず各省が決める。その案を内閣人事局は拒否できるが、そうするには相当の理由を示さなければならない。

それでも各省人事の最終決定権を政治家が握ることで、国益よりも省益を優先していた霞が関の官僚たちを、省益より国益重視へと変えさせる要素になった。それは民主党も、望んでいたことだった。それをいま、非難するのは筋違いである。

いま、メディアは、報告書の内容を読者にきちんと伝える責任がある。報告書から窺えるのは森友学園側の要請に抗いきれず、妥協してしまった近畿財務局の姿であり、それを承認していた本省理財局の姿でもある。たとえば、「本地の地盤について」の項には当初次のような記述があった。

「（学園は）本地（森友学園が小学校を建設しようと考えた大阪府豊中市の土地）は軟弱地盤であり貸付料に反映されるべきものと主張し、併せて校舎建設の際に通常を上回る杭工事（建物基礎工事）が必要であるとして、国に工事費の負担を要請した」

森友学園側が近畿財務局に貸付料を安くせよと迫ったわけだ。対して近畿財務局は地質調査会社に意見を求めたが、この会社は、当該地は特別に軟弱な地盤であるとは思えないとした上で、

「通常と比較して軟弱かどうかという問題は、通常地盤の定義が困難であるため回答は難しい」

と、あやふやな見解を示した。

困った近畿財務局は「当局及び本省で」相談した結果、杭工事費用等は負担しないが、「貸付料及び将来の売払時の売却価格を評価する際には当該調査結果等により地盤の状況を考慮する」と決めた。

近畿財務局が森友側の要求に困り果て、「本省」の了承を得て森友の要求を受け容れたということである。しかし右の記録は一部削除され、次のように書き換えられた。

「ボーリング調査結果について、専門家に確認するとともに、不動産鑑定評価を依頼した不動産鑑定士に意見を聴取したところ、新たな価格形成要因であり、賃料に影響するとの見解があり、価格調査により、鑑定評価を見直すこととした」

「軟弱であるとは思えない」、「軟弱」の定義も不明だとの分析を却下して、新たな価格形成（値

引き）に応じたのが本省、即ち財務省だった。しかし文書からは本省の関与も、地盤の軟弱さが否定されていた事実も削除され、軟弱地盤故に価格調整は当然だという理屈が書かれていた。

いろいろ理屈を作っているが、結局、財務省が森友学園側の要求に屈したということにすぎない。財務省ともあろうものが、日本のエリート省の中のエリート省としての矜恃も自信もかなぐり捨てて、大きな声で要求する勢力に屈伏したのである。

官僚と政治家の闘い

もうひとつの事例である。森友学園は小学校開設予定地を国から借り受け、8年後を目途に買い取りたいと要請した。だが、事業用定期借地の設定期間は、「借地借家法第23条において、10年以上50年未満とされて」いる。それでも森友側は諦めない。結果、近畿財務局は大阪航空局、財務省理財局の承認を得て特例措置を取った。

建前上、10年間は借地だが、10年を待たずして売却する予定という「売買予約契約書」をつくったのだ。この「特例的な内容」に至るまでに理財局長の承認を得ているとの記述が、複数回登場する。

書き換え前の文書には右の「特例的な内容」、或いは「標準書式では対応できない」などの表現が度々登場するが、書き換え後の文書ではそれらはすべて削除されている。

森友側と交渉していたにも拘らず、佐川宣寿前理財局長は、17年3月、衆議院財務金融委員会で「価格を提示したこともないし、先方からいくらで買いたいと希望があったこともない」などと説明した。

一連の削除或いは書き換えはおよそすべて、佐川前理財局長の国会証言に合わせたものだと言ってよい。佐川氏や財務省を守るためだったのであろう。

それでも立憲民主党の幹部らは、安倍首相が自身や夫人がかかわっていれば政治家も首相もやめると発言したから、財務官僚たちが忖度して文書を書き換えたのだと、論難する。

果たしてそうか。財務省は15年6月にも別に文書を書き換えている。ひょっとして財務省は恒常的に文書を書き換えていたのではないか。そのことを麻生太郎財務相にも安倍首相にも、さらには他の政治家たちにも知らせずにきたのではないのか。だとすればこの問題の本質は官僚の暴走であり、官僚と政治家の闘いにあるといえる。メディアはこうした点にこそメスを入れるべきだ。安倍憎しの印象操作に終わることは、あらゆる意味で国益を損なう。

（2018年3月29日号）

今、憲法改正を潰すメディアの無責任

2018年3月25日の自民党大会で安倍晋三総裁（首相）は「憲法にしっかりと自衛隊を明記し、違憲論争に終止符を打つ」よう呼びかけた。

党大会の前、メディアは自民党内の不協和音を強調し、地方幹部から抗議の声やヤジが飛べば安倍首相は危機に陥ると報道した。しかし、実際には財務省の文書書き換え問題などをめぐって首相の責任を問う声はほとんどなく、首相演説に賛同の声が上がった。森友問題をダシにして安倍首相攻撃が目的であるかのような言説が横行している。だが、それが具体的根拠に基づく非難であるとは到底思えない。

共産党、民進党、立憲民主党、自由党、希望の党、さらに社民党などの野党議員らがこのところ大阪拘置所に勾留中の籠池泰典森友学園前理事長と接見し、安倍昭恵氏との関係などについて問い、首相夫人の証人喚問などを要求している。政治家や政党がいまなすべきことは、そんなことではないだろう。

政治家には国を守り国民を守るという最も重要な責務がある。その責務を果たすために、まず、日本を取り巻く国際環境の厳しさを見よ。危機に目醒め、現実的に対処せよ。先の自民党大会を通して問われていたことの本質は、わが国の政治家や政党に、この危機の中で国と国民を守る気概はあるのかということだった。あるのであれば、憲法改正にまじめに取り組めということだ。

25日の党大会では自民党の憲法改正への本気度を示すバロメーターとして、改正素案が注目された。素案では、①自衛隊の明記、②緊急事態条項の新設、③参院選における「合区」の解消、④教育の充実――の4項目が提案された。焦点の9条は、現行の1項と2項を維持して、「9条の2」を設ける。9条の2では、「(9条の規定は)我が国の平和と独立を守り、国及び国民の安全を保つために必要な自衛の措置をとることを妨げ」ないとし、「そのための実力組織として」「自衛隊を保持する」とした。議論の段階で提言された「必要最小限度の（実力組織）」という文言は削除された。が、自衛隊は9条2項の禁ずる「戦力」ではなく「実力組織」とされてしまった。

永遠なるものは国益だけ

右の素案は目指すべき理想の憲法や安全保障の在り方としては不十分だ。しかし、眼下の厳しい国際情勢の中で理想を求め続けて、憲法改正に向けて1ミリも動かないとしたら、それもまた無責任の極みである。その意味で公明党は与党の一翼を担う政党として責任を深く自覚すべきだ。

野党の多くは憲法改正よりも、森友学園への国有地払い下げ問題をめぐる財務省の文書書き換えの責任追及が先だと主張する。そのため、前述したように彼らは籠池氏の話を聞いて、安倍昭恵氏の介入があったかのような主張をし、証人喚問を求めている。

一体、籠池氏の発言はどこまで信じられるのか。このような手法で印象操作に走り、憲法改正の論議にも応じないのは、無責任の極みだ。国の根本である憲法より眼前の政局を優先することは断じて慎むべきだ。

日本国周辺で起こりつつあるパワーバランスの変化は、これまでにない本質的なものだ。トランプ大統領は国務長官にマイク・ポンペオ中央情報局（ＣＩＡ）長官を、国家安全保障問題担当大統領補佐官にジョン・ボルトン元国連大使を起用した。北朝鮮政策で強硬路線へと軌道修正が図られる可能性を、この人事は示していないか。斬首作戦を最も恐れている金正恩氏にとって相当な圧力であろう。米軍は4月1日から米韓合同軍事演習に入るが、それに合わせて大規模な国外退避訓練を行うと発表した。これもまた金正恩氏の恐怖心を増幅している可能性はあるだろう。

トランプ政権は経済問題でも強硬だ。3月22日、知的財産権侵害に関して米通商法301条に基づき600億ドル（約6・3兆円）規模の中国製品に関税をかけると発表、翌日には安全保障を理由に鉄鋼とアルミニウムの輸入制限を発動した。日本も中国と同様に扱われるという。

安全保障を米国に頼る日本だが、その頼みの米国は安倍政権を突き放すかのように関税をかける構えを見せた。国際関係においては友好や同盟関係でさえも永遠であるわけではなく、永遠なるものは国益だけだということである。

軍事、経済双方におけるトランプ政権の強硬策で、米中関係は軍事、経済両分野で緊張が高まると予想される。ただ、両国は表で対立しても必ずといってよいほど、裏で交渉する。つまり関係の緊迫化はあり得るにしても、2つの大国の動きは複層的で、時に驚くような展開となる。

中国政府を代弁する「環球時報」は3月9日、朝鮮半島の非核化と平和について、以下のように書いた。

◎朝鮮半島の非核化と平和は中国にとって南北朝鮮との関係より重要だ
◎中国は北朝鮮への強い影響力をすでに失った
◎中朝関係はいまや普通の2国間関係だ

米中連携はいつでもあり得る

北朝鮮への特別扱いはもはやないと強調しているのだが、こうも書いている——北朝鮮が米国寄りになる心配などない。中国周辺諸国にそんな国はない。中国の存在は矮小化されていない。

中国は米国に歩み寄ろうとしているのだろうか。朝鮮半島は中国の影響下にとどまるとの見方を示しつつ、中国は北朝鮮をめぐってアメリカと同一歩調を取ることもあると示唆しているのではないか。米中が朝鮮半島をめぐって合意する可能性を改めて想起させるものだ。

トランプ大統領は中国に大統領権限に基づく強硬政策、通商法301条を突きつけはしたが、両国間では水面下の話し合いが進んでいる。

ムニューシン米財務長官は3月24日、習近平主席の経済政策を取り仕切る劉鶴副首相に電話をした。トランプ大統領は、中国は対米貿易黒字を1000億ドル（約10・5兆円）分減らすべきで、その手段として米国の車と半導体の対中輸出を増やすべきことを希望しており、このようなことは水面下で具体的に話し合われていると見るべきだ。

米中連携はいつでもあり得る。そのとき日本はどうするのか。安全保障においていまのままでは、日本が自力で日本を守り通すことは不可能だ。国民を守り日本国を守るのは、日本国でしかあり得ない。だからこそ日米安保体制の強化も大事だが、日本の自力を強めることが求められる。

そのための憲法改正なのだ。

わが国は北朝鮮の危機、中国の膨張、米国の変化に直面しているのである。わが国の安全を「平和を愛する」国際社会の「公正と信義」に縋《すが》り続けて70年。一国平和主義の気概なき在り様を変える歴史的使命を果たすのが、責任ある政治家、政党、メディアの役割ではないのか。

（２０１８年4月5日号）

【追記】

「月刊Ｈａｎａｄａ」の２０１８年9月号に刮目すべき記事が載っている。「籠池長男が反省告白『両親は安倍総理夫妻に謝れ！』」である。森友学園の籠池泰典前理事長が熱烈な安倍晋三首相の支持者から激烈な告発者へと大変身した背景にはさまざまな理由があったのであろうが、その中で著述家の菅野完《すがのたもつ》氏が大きな役割を果たしたというのである。詳細は省く。とにかく関心のある方には右の記事の一読をお勧めする。

北の核廃棄を望まない中朝韓

「習近平氏は1本2000万円のマオタイ酒を正恩に振る舞ったそうです。彼を北京に呼びつけ、中国の持てる力を誇示して手なずけようとした。その目論見が見てとれます」

こう語るのは「統一日報」論説主幹の洪熒《ホンヒョン》氏だ。金正恩朝鮮労働党委員長は3月下旬の電撃的訪中以降、華々しい外交攻勢を展開中だ。しかし日米両国が求める北朝鮮の非核化に向けた確約はまったく、見えてこない。このままいけば、米朝首脳会談がスンナリと実現するとは限らないだろう。

米朝会談の最大の眼目である北朝鮮の非核化について、日米韓中朝の5か国は明確に異なる立場に立っている。日米は、北朝鮮の核弾頭だけでなく、全ての核物質、全ての核関連施設に加えて核開発計画自体を「完全に、検証可能かつ不可逆的な方法で解体すること」（ＣＶＩＤ）を求めている。行動は明確に一括して行われなければならない。

他方、北朝鮮は勿論、中国も韓国も、そんなことは望んでいない。彼らは日米の主張する「北朝鮮の非核化」ではなく、「朝鮮半島の非核化」と言う。北朝鮮の意図は、米国は米韓同盟に基づいて有事の際、核兵器で北朝鮮を攻撃して韓国を防衛するかもしれない、米国の核の脅威を取り除くために米韓同盟も解消すべきだ、そのとき初めて北朝鮮も核をなくす、というものである。

中国政府も北朝鮮から核を取り上げようなどとは考えてもいない。彼らの意図が明確に表現されていたのが、3月18日の「環球時報」の社説である。中国共産党機関紙「人民日報」の国際版である「環球時報」が突然、北朝鮮をほめそやし始めたのだ。

「中朝両国の試金石は、核問題で相互の立場に相違があるにも拘らず、バランスを保つことだ。北京・平壌間の友好関係を維持し、韓国や日本や西側メディアの影響を受けないことだ」として、核兵器に関する中朝間の相違は両国関係のごく一部にすぎないと強調した。

「北朝鮮は尊敬すべき国である。北東アジアでは珍しく高度の独立を保っている。経済規模は大きくないが、産業構造は完璧で、これは中々達成できないことだ」と噴飯物のお世辞も並べた。

北朝鮮の核開発を黙認

「環球時報」はさらに、中朝は対等で相互に尊敬しあっている、中朝友好関係を通じて、中国は北東アジアにおける戦略性を高めることができる、北朝鮮は、困難と危険が伴う日米韓3か国への対処を、中国の支えによって、リスクを回避しながらこなすことができると、強調した。

社説は、如何なる勢力も中朝関係に割り込むことはできないと断じて、これを結論としている。ここから読みとれるのは、日米両国が主導した強い制裁で追い詰められた正恩氏を何が何でも囲い込み、中国の影響力を強め、それを維持しようという戦略だ。

そこには正恩氏から核を取り上げる意図は全く見られない。確かに中国は言葉のうえで北朝鮮の核に反対する。他方、中国は金日成、金正日の時代から北朝鮮の核開発を黙認してきた。正恩氏についても同じ姿勢であろう。中国の言葉による北朝鮮の核への反対論は、北朝鮮が核を保有したときに必ず日本も核武装すると考えているためだ。北朝鮮の核に反対するのは、日本の核武装に反対するための構えだと見るべきだ。

文在寅韓国大統領も同じである。文氏は自殺した盧武鉉元大統領の秘書室長（官房長官）として、2007年の金正日総書記との首脳会談を準備した。その前年の06年に正日氏は初の核実験を行い、国際社会から厳しい非難を浴びた。だが盧氏は首脳会談ではその件には一言も触れていない。

他方、国際社会に向けて盧氏は、「北朝鮮の核は自衛のための核だ」として北朝鮮を擁護し続けた。

盧氏を師と崇める文氏は盧氏同様、「北朝鮮の非核化」とは言わない。常に「朝鮮半島の非核化」である。

「このように中朝韓は日米とは考え方が違うのです。それを日本では日米韓vs.中朝の枠組みで論じています。文氏が日米の側に立つと考えるのは幻想で、それでは戦略を誤ります」

と洪氏。

中朝韓が北朝鮮の核放棄を実現するとは思えないとき、トランプ米大統領はどうするだろうか。氏は3月下旬、矢継ぎ早に対中強硬策を打ち出した。中国が「核心的利益」だとして第三国の介入を断固拒否する台湾に関して、台湾旅行法に署名した。これで米国の閣僚も要人も含めて、台湾との交流を行えることになった。

もうひとつの中国の核心的利益、南シナ海では中国の人工島の「領海」に米艦船が入り、航行の自由作戦を実施した。中国による知的財産権の侵害に関して、600億ドル（約6・3兆円）規模の中国製品に関税をかけるとも発表した。

トランプ政権の後退を待つ

きつい要求を突きつけた米国に、中国は4月2日、報復関税を発動した。同時に両国は水面下で交渉を進めている。仮に中国が大幅に譲歩すれば、トランプ氏は妥協するかもしれない。

過去には米国訪問でボーイングの航空機300機を買いつけ、米国の巨額貿易赤字に関する不満を一挙に解消したこともある。その手の戦術に中国は長けている。加えて、中国が責任をもって北朝鮮の核をコントロールする、北朝鮮に米国に届くミサイルは持たせないなどの条件を確約すれば、トランプ氏が北朝鮮の核を認めてしまうこともあり得ると考えるべきだ。日本にとっては本当の悪夢である。

だが、いまやトランプ氏の傍らには対北朝鮮強硬派のポンペオ国務長官とボルトン国家安全保障問題担当大統領補佐官が控えている。彼らが、北朝鮮の核放棄の曖昧さに憤るとき、北朝鮮はどう対応しようとするだろうか。

洪氏が語った。

「彼らはトランプ政権を恐れながらも、その足下を見ています。ロシア問題で追い込まれ、秋の中間選挙で敗北しかねない。レームダック化すれば強い政策は取れないと、正恩が考えていても不思議ではありません。正恩は追い詰められて中国を頼った。彼にも余裕はない。時間を稼ぎながら、トランプ政権の弱体化を待っている。そこまで走りきることを、今彼は考えているのではないでしょうか」

「終身皇帝」への道筋をつけた習氏は時間をかけてトランプ政権の後退を待つ可能性がある。

このような状況の中に、日本は置かれている。北朝鮮を追い詰め平和路線に転換させたのは、安倍晋三首相が強く主張した「圧力路線」の結果である。ここまではよいが、これから日本はどうするのか。

米国との協調関係を大事にしながらも地力をつけるしかない。世界情勢の展開が見通せない今、日本が国として強くなることが何よりも大事だ。自国を自力で守るという原点に戻る。その第一歩が、憲法改正である。

（2018年4月12日号）

世界は大激変、もう森友ではない

日本のメディアはまだ「森友」問題や財務省文書書き換え問題などに熱中しているが、その間に世界情勢が不気味な展開を見せている。米国の孤立主義、或いは後退に乗じて、世界各地域にこれまでとは異なる排他的な勢力が誕生しつつある。

トランプ政権発足から1年3か月、余りにも多くの劇的な展開があったが、その足跡は米国への信頼に不安を抱かせるものだった。直近の具体例としてシリアを見てみよう。

2018年4月7日、首都ダマスカス近郊の東グータ地区、ドゥーマという町が、化学兵器で攻撃され、犠牲者は40人とも70人とも報じられた。被害者の症状から、塩素ガス弾の攻撃を受けたと見られる。攻撃したのはアサド政権でしかあり得ないだろう。

ちょうど1年前の17年4月、トランプ大統領は、化学兵器（サリン）を使って国民を攻撃したアサド大統領への警告として、巡航ミサイル、トマホークを59発も撃ち込んだ。今回はどうするのか。

アサド政権が塩素ガス弾による攻撃に踏み切る前の18年4月3日、トランプ大統領は記者会見でシリアからできるだけ早く米軍を撤収させたいと語った。現在シリアには、特殊部隊も含めて約2000人の米軍人が駐留している。クルド人勢力を支持し、彼らに軍事訓練を施しているのである。他方、ロシアとイランはアサド大統領を支え、トルコは反アサド勢力の側に立つ。

勢力関係は複雑だが、トランプ大統領はすでにISなどのテロリスト勢力は片づけたとの認識で、一日も早く、米軍を撤収させ、米国の軍人を各々の家庭に戻したいという。

しかし、いま、米国がクルド人部隊を事実上見捨てれば、アサド軍に容易に制圧されてしまうと懸念する声は共和党内にも政権内にも少なくない。ジェームズ・マティス国防長官もその一人だ。だが、最終決定権者はトランプ大統領である。そこでトランプ氏の唱えるアメリカ第一主義をよく見てみよう。

いますぐアメリカに帰ろう

「アメリカ第一主義」の元祖、パット・ブキャナン氏は究極の孤立主義者である。

「アメリカはグローバリズム信奉者のイデオロギーとそれらの組織を超えるところに視点を合わせ、(中略)自分たちの国と自分たちの国民を第一に考える作業をもう一度はじめなければならない」と、著書『超大国の自殺』(河内隆弥訳、幻冬舎)で繰り返している。

氏はこうも強調する。「外の問題から手を引こう、いますぐにアメリカに帰ろう」と。トランプ氏はそれを実行しようとしているのではないか。

米国が撤退すればシリアの状況は大きく変化する。中東全体の勢力図にも構造的な変化が生じるのは避けられない。だが、トランプ氏はその中東を次のような視点で語るのだ。

「米国はこれまでの17年間で中東に7兆ドル(約750兆円)も費したが、見返りに何も得ていない」

トランプ氏もブキャナン氏も、グローバルな地球社会のために、米国が大義の旗を掲げて民主主義を根づかせ、自由の価値観を広げ正義を貫く力となろうとは考えていないのだ。自国第一で考えるために、金額の話も出てくる。アメリカ第一主義の下での現実利益の重要性を、よく知っておかなければならない。

他方、共和党の有力上院議員、ジョン・マケイン氏はシリア問題についてこう語っている。

「米国は前回同様にシリアに攻撃をかけ、アサドに戦争犯罪の償いをさせるべきだ」

アサド大統領が化学兵器による無謀な攻撃に走ったことには、トランプ大統領の責任があると言う。シリアからの撤退を公言し、孤立主義へと回帰するトランプ氏の発信が、シリアやロシアにアメリカは「行動しない」と確信させ、彼らを「勇気づけた」との批判である。

マケイン氏はアメリカを自由と民主主義の擁護者、大国としてとらえているが、トランプ氏はアメリカはシリアからは撤退し、その後は「他国に任せればよい」とあっさりしたものだ。ここで言う「他国」とはロシアやイランを指すのであろう。アメリカ抜きの中東では、ロシアの影響力が強大化される。ロシアの影響下に組み込まれる諸国の命運にアメリカは無関心ではないが、アメリカの利益を犠牲にしてまで守ることはないというのが、「他国に任せればよい」の意味であろう。

ちなみにブキャナン氏はロシアについて、コーカサスと極東で中国に領土を奪われてしまうのはほぼ確実だが、このような問題はアメリカにとって全く無関係な問題だ、と切り捨てている。

右翼政権についての警告

アメリカが自国第一主義で孤立主義を深めれば世界の様相は激変する。朝鮮半島情勢の見通しはつきにくいが、北朝鮮の核とミサイルが撤去されて米国への脅威が除去される場合、トランプ氏はその後の朝鮮半島を、シリア関連で語ったように、「他国」、即ち中国に任せればよいと考える可能性も視野に入れておくべきだ。

無論、朝鮮半島に米軍を駐留させておくことのメリットは非常に大きいため、米軍撤退が容易に起きるとは考えられないが、それでも世界が激変するいま、すべての可能性を考えておくのがよい。

その意味で参考になるのが「ニューヨーク・タイムズ」（NYT）紙の4月7〜8日の紙面に掲載されたマデレーン・オルブライト氏の記事だ。「我々はファシズムを阻止できるか、それともすでに遅すぎるのか」と題して、世界各地で誕生している右翼政権について警告を発している。

彼女はクリントン政権で国務長官を務め、北朝鮮とは核問題も話し合いで解決できると考えた。クリントン政権が末期に近づいたとき、初の米朝首脳会談という成果を得ようと平壌を訪れ、大失敗した人物だ。

民主党、リベラル思想の彼女は、第2次世界大戦以降、世界がファシズムに向かって走る最大の危機に直面しているのがいまだとして、ざっと以下のように警告する。

ハンガリーの総選挙でオルバン首相とその政党「フィデス・ハンガリー市民連盟」は、反移民政策を掲げ、国連も欧州連合（EU）も徹底的に非難することで大勝した。

ポーランドやチェコなど、ソ連崩壊を受けてEUに加盟した東欧諸国が、いまや移民受け入れ政策に反発してEU離れを強めつつある。

フィリピンもトルコも、中国もロシアも、アフリカ諸国もベネズエラも専制独裁政治に傾いている。ドイツでも右翼政党が台頭しているとして、彼女は民主主義やグローバリズムの未来を憂い、新しい世界秩序はどのようなものかと問うている。その問いは、まさに私たち日本人にもつきつけられていると思うのだ。

（2018年4月19日号）

野党とメディアが日本を滅ぼす

米英仏は2018年4月13日午後9時（米国東部時間）からシリアの化学兵器関連施設3か所に、105発のミサイル攻撃を加えた。

1年前、トランプ大統領は米国単独でミサイル攻撃を行った。今回、米国がどう動くのかは米国が自由世界のリーダーとしての責任を引き受け続けるのか否か、という意味で注目された。それは、異形の価値観を掲げるロシアや中国に国際社会の主導権を取らせるのか、という問いでもある。

米英仏軍の攻撃は、米国が自由主義世界の司令塔としてとどまることを示した。決断はどのようになされたのか。

米紙「ウォール・ストリート・ジャーナル」（WSJ）などの報道によると、国防総省はトランプ氏に3つの選択肢を示したという。①シリアの化学兵器製造能力につながる施設に最小限の攻撃をかける、②化学兵器研究センターや軍司令部施設まで幅広く標的を広げ、アサド政権の基盤を弱める、③シリア国内のロシア軍の拠点も攻撃し、アサド政権の軍事的基盤を破壊する、である。

トランプ氏は②と③の組み合わせを選択した。ミサイル攻撃を一定水準に限定しつつ、化学兵器製造能力に決定的打撃を与えるが、アサド政権の転覆は目指さないというものだ。

結論に至るまでの議論をWSJが報じている。トランプ氏は③の選択肢に傾いており、ニッキー・ヘイリー国連大使も大統領と同様だったという。反対したのがジェームズ・マティス国防長官で、ロシア軍の拠点まで含めた攻撃はロシアのみならず、イランからも危険な反撃を受ける可能性があると説得したそうだ。

攻撃4日前の4月9日に国家安全保障問題担当大統領補佐官に就任したジョン・ボルトン氏は18年2月、WSJに、米軍には北朝鮮に先制攻撃を行う権利があると述べた強硬派である。マティス国防長官は国防総省でボルトン氏に初めて会ったとき、「あなたは悪魔の化身だという噂をきいています」と、冗談めかして言ったそうだが、それほど、ボルトン氏のイメージは強硬派の中の強硬派なのである。

米朝会談の展望

しかし、今回、ボルトン氏はアサド政権に潰滅的打撃を与えながらも、過度な攻撃は避けるという「困難な妥協点を見出した」と評価された。強硬だが、分別を持った陣容がトランプ氏の周りにいるとの見方があるのである。

それにしてもトランプ氏の考え方は矛盾に満ちている。彼は一日も早く中東から米軍を引き揚げさせたいとする一方で、シリアに大打撃を与えるべく、強硬な攻撃を主張する。

化学兵器の使用という、人道上許されない国家犯罪には懲罰的攻撃を断行するが、ロシアとは戦わない。今回の攻撃の目的はあくまでも人道上、国際条約で禁止されている化学兵器の使用をやめさせることであり、政権転覆や中東における勢力図の変更を意図するものではないというのが米国の姿勢だと見てよいが、トランプ氏が同じように考えているのかはよくわからない。

もっとも、共和党にはリンゼイ・グラハム上院議員の次のような考えも根強い。

「アサド氏は米軍による攻撃を、仕事をする（doing business）ための必要なコストだと考えている可能性がある。ロシアとイランは今回の攻撃を、米国がシリアから撤退するための口実の第一歩と見ている。米英仏の攻撃がロシア、シリア、イランに戦略を変えさせ、ゲームチェンジを起こすわけではない」

米国の攻撃は状況を根本から変えるわけではないというグラハム氏の指摘を日本は重く受けとめなくてはならないだろう。シリア政策は北朝鮮政策にも通じるからだ。

5月にもトランプ氏と金正恩氏は会うのである。どちらも常識や理性から懸け離れた性格の持ち主だ。周囲の意見をきくより、即断即決で勝負に出る可能性もある。狡猾さにおいては、正恩氏の方が優っているかもしれない。

米朝会談の展望を描くのは難しいが、万が一、米国に届く大陸間弾道ミサイルを北朝鮮が諦めるかわりに、核保有を認めるなどということになったらどうするのか。

日米首脳会談で安倍首相がトランプ氏と何を語り合い、何を確約するかは、日本にとっても拉致被害者にとっても、これ以上ないほどに重要だ。本来、首相以下、閣僚、政治家の全てがこの眼前の外交課題に集中していなければならない時だ。

しかし、驚いた。国際社会がこれほど大きく軋《きし》み、日本も翻弄されかねない中で、米英仏がシリア攻撃を断行した。日本は総力を挙げて、この事態がどこにつながっていくのか、わが国は何をなさなければならないのかを論ずる局面だ。にも拘らず、シリア攻撃直後のNHKの「日曜討論」では、なんとモリカケ問題などを議論していた。メディアも政治家も一体、何を考えているのだろうか。私はすぐにテレビを消したが、野党とメディアは、本当に日本を滅ぼすと実感した出来事だった。

喜ぶのは某国

4月13日夜、私の主宰するネット配信の「言論テレビ」で小野寺五典防衛大臣が日報問題について語ったことの一部を紹介しよう。

自衛隊がイラクに派遣されていた10年以上前、日報の保存期間は1年未満だった。隊員たちも「読み終わったら捨てるものだから、何年も前の日報は廃棄されて存在しないだろう」と思い込んでいた。

だが、自衛隊は全国に基地や駐屯地が300か所以上あり、隊員だけで25万人もいる。思いがけずパソコン内に日報を保存していた人がいたり、あるいは書類棚の中に残っていたのが見つかった。その時点で報告し、開示すべきだったが、そこで適切な処理が行われず、結果的に問題を招いてしまったというのだ。このような背景をメディアが正確に報じていれば、日報問題への見方も異なっていたはずで、無用な混乱もなかったはずだ。

ここ数年、防衛省には年間5000件以上の情報開示請求が集中豪雨のようになされているという。大変なのは件数だけでなく、請求内容もそうだ。「何年何月の資料」とピンポイントで開示請求するのでなく、「イラク派遣に関する文書」というような大雑把な請求が少なくない。当然、膨大な量になる。資料が特定できたとして、中身を調べ、開示して差し支えないか、関係各省にも問い合わせる必要がある。この作業を経て黒塗り箇所を決め、提出する。これが年間５０００件以上もある。職員はもうくたびれきっている。

防衛省をこの種の書類探しや精査の作業に追い込んで、本来の国防がおろそかにならないはずはない。喜ぶのは某国であろう。

ちなみに日本を除く他の多くの国々では、日報は外交文書同様、機密扱いである。日報を一般の行政文書に位置づけて、情報公開の対象にしているのは恐らく日本だけだ。

問題があれば追及し、正すのは当然だ。しかし、いま行われているのは、メディアと野党による日本潰し以外の何物でもないと私は思う。

（２０１８年４月26日号）

第7章　今こそ、日本は正念場だ

日本よ自立せよ、米国は保護者ではない

朝鮮半島を巡って尋常ならざる動きが続いている。金正恩朝鮮労働党委員長は、2018年3月26日、北京で習近平国家主席と初の首脳会談をした。5月7日と8日には、大連で再び習氏と会談した。5月14日には平壌から重要人物が北京を訪れたとの情報が駆け巡った。

北朝鮮はいまや中国の助言と指示なくして動けない。正恩氏は中国に命乞いをし、中国は巧みに窮鳥を懐に取り込んだ。

米国からは、3月末にマイク・ポンペオ中央情報局（CIA）長官が平壌を訪れ、5月9日には国務長官として再び平壌にいた。このときポンペオ氏は、正恩氏から完全非核化の約束とそれまで拘束されていた3人の米国人の身柄を受け取り、13時間の滞在を満面の笑みで締めくくった。その前日にトランプ大統領はイランとの核合意離脱を発表した。14日には在イスラエル米大使館をテルアビブからエルサレムに移した。

一連の外交政策には国家安全保障問題担当大統領補佐官、ジョン・ボルトン氏の決意が反映されている。

中国はこの間、海軍力強化を誇示した。4月12日には中国史上最大規模の観艦式を南シナ海で

行い、習氏が「強大な海軍を建設する任務が今ほど差し迫ったことはない。世界一流の海軍建設に努力せよ」と発破をかけた。5月13日には中国初の国産空母の試験航海に踏み切り、当初2020年の就役予定が19年に早まる可能性が出てきた。

2月に米国が台湾旅行法を上院の全会一致で可決し、米国の要人も軍人も自由に台湾を訪れることができるようになったが、中国はそうした米国の意図を力で阻む姿勢を見せていると考えるべきだろう。

こうした状況の下、ボルトン氏は北朝鮮にこの上なく明確なメッセージを発し続けた。

「リビアモデル」

4月29日、CBSニュースの「フェース・ザ・ネーション」と「FOXニュース・サンデー」で、北朝鮮には「リビアモデル」を適用すると明言した。カダフィ大佐が全ての核関連施設を米英の情報機関に開放し、3か月で核のみならず、ミサイル及び化学兵器の廃棄を成し遂げたやり方である。

正恩氏は3月の中朝会談や4月27日の南北首脳会談で、非核化は「段階的」に進め、各段階ごとに経済的支援を取りつけたいとの主張を展開していたが、ボルトン発言はそうした考えを明確に拒否するものだった。

それだけではない。ボルトン氏は日本人や韓国人の拉致被害者の解放と米国人3人の人質解放を求めた。その要求に応える形で、正恩氏は前述のようにポンペオ氏に3人の米国人を引き渡した。

ポンペオ氏の平壌行きに同行を許された記者の一人、「ワシントン・ポスト」のキャロル・モレロ氏が平壌行きの舞台裏について書いている。氏は5月4日に新しいパスポートと出発の準備をするよう指示を受けた。その3日後、4時間後に出発との報せを受ける。アンドリューズ空軍基地の航空機には、ホワイトハウス、国家安全保障会議、国務省のスタッフに加えて、医師と精神科医も乗り込んでいた。

ポンペオ氏の再度の平壌行きは、正恩氏が完全な非核化を告げ、人質解放を実行するためだったわけだ。4月29日のボルトン氏の厳しい要求を聞いて正恩氏がふるえ上がり、対応策と支援を習氏に求めるために5月7〜8日、大連へ行ったということであろう。

中朝会談について、5月14日の「読売新聞」朝刊が中川孝之、中島健太郎両特派員の報告で報じている。それによると、大連会談では正恩氏が「非核化の中間段階でも経済支援を受けることが可能かどうか」を習氏に打診し、習氏が「米朝首脳会談で非核化合意が成立すれば」可能だと答えていたそうだ。

また、正恩氏が「米国は、非核化を終えれば経済支援すると言うが、米国が約束を守るとは信じられない」と不満を表明したとも報じられた。

「読売」の報道は、大連会談で中国の支援を得た正恩氏が、中国の事実上の指示に従ってその直後のポンペオ氏との会談に臨んだことを示唆している。正恩氏が米国の要求を受け入れたことで、米国側はいま、どのように考えているかを示すのが、5月13日の「FOXニュース」でのポンペオ発言だ。氏は次のように質問された。

「金氏が正しい道を選べば、繁栄を手にするだろうと、あなたは11日に発言しています。どういう意味ですか」

ポンペオ氏は、米国民の税金が注ぎこまれるのではなく、米企業が事業展開することで北朝鮮に繁栄がもたらされるという意味だとして、語った。

「北朝鮮には電力やインフラ整備で非常に大きな需要がある。米国の農業も北朝鮮国民が十分に肉を食べ、健康な生活を営めるよう手伝える」

天国と地獄ほどの相違

同日、ボルトン氏もCNNの「ステート・オブ・ザ・ユニオン」で語っている。

「もし、彼らが非核化をコミットするなら、北朝鮮の展望は信じられないほど、強固なもの（strong）になる」「北朝鮮は正常な国となり、韓国のように世界と普通に交流することで未来が開ける」

ボルトン氏は、米国が求めているのは「完全で、検証可能で、不可逆的な核の解体」（CVID）であると述べることも忘れはしなかった。「イランと同様、核の運搬手段としての弾道ミサイルも、生物化学兵器も手放さなければならない。大統領はその他の問題、日本人の拉致被害者と韓国の拉致された市民の件も取り上げるだろう」と明言した。

ボルトン氏とポンペオ氏の表現には多少の濃淡の差があるが、米中北の３か国で進行していることの大筋が見えてくる。完全な非核化を北朝鮮が米国と約束し、中国がその後ろ盾となる。米国はリビアモデルの厳しい行程を主張しながらも、中国の事実上の介入もしくは仲介ゆえに、北朝鮮が引き延ばしをしたとしても軍事オプションは取りにくくなる。中国の対北朝鮮支援が国連決議に違反しないかどうかを、米国も国際社会も厳しく監視するのは当然だが、中国は陰に陽に、北朝鮮の側に立つ。

これまではここで妥協が図られてきた。今回はどうか。米国と中国の、国家としての形や方向性はおよそ正反対だ。両国の国際社会に対するアプローチには天国と地獄ほどの相違がある。台湾、南シナ海、東シナ海、どの断面で見ても、さらに拉致問題を考えても日本は米国と共に歩むのが正解である。ただ、米国は日本の保護者ではない。私たちは米国と協力するのであって依存するのではない。そのことをいま、私たち日本国民が深く自覚しなければ、大変なことになると思う。

(2018年5月24日号)

北をめぐる米中の闘いが激化

6月12日の米朝首脳会談はどうやら開催されそうだ。劇的な展開の中で、はっきりしなかった展望が、少し明確になってきた。米国が圧倒的優位に立って会談に臨み、拉致問題解決の可能性にも、安倍晋三首相と日本が一歩近づくという見込みだ。

2018年5月24日、トランプ大統領は6月の米朝会談中止を宣言した書簡を発表し、その宛先である朝鮮労働党委員長、金正恩氏の鼻っ柱を叩き潰した。5月9日にポンペオ国務長官が3人の米国人を連れ戻してから2週間余り、トランプ氏の考えはどう変化したのか。

まず、5月16日、北朝鮮の第一外務次官・金桂寛氏が、ボルトン国家安全保障問題担当大統領補佐官を個人攻撃し、米国が一方的に核放棄を要求すれば「会談に応じるか再考せざるを得ない」と警告した。

およそ1週間後の24日、今度は桂寛氏の部下の崔善姫外務次官がペンス米副大統領を「政治的に愚鈍」だと侮蔑し、「米国が我々と会談場で会うか、核対核の対決場で会うか、米国の決心と行動次第だ」と語った。

トランプ氏はその夜に暴言を知らされた後就寝し、翌朝、ペンス、ポンペオ、ボルトン各氏を集めて協議し、大統領書簡を作成したそうだ。

内容は首脳会談中止と、核戦力における米国の圧倒的優位性について述べて、「それを使用する必要のないことを神に祈る」とする究極の恫喝だった。24時間も待たずに正恩氏が音を上げたのは周知のとおりだ。

首脳会談が開催されるとして、結果は2つに絞られた。①北朝鮮が完全に核を放棄する、②会談が決裂する、である。これまでは第3の可能性もあった。それは米本土に届くICBMの破棄で双方が合意し、北朝鮮は核や中・短距離ミサイルなどについてはさまざまな口実で時間稼ぎをする、それを中韓両国が支援し、米国は決定的な打開策を勝ち取れず、年来のグズグズ状態が続くという、最悪の結果である。

不満だらけの発言

今回、第3の可能性はなくなったと見てよいだろう。米国は過去の失敗に学んで、北朝鮮の自分勝手な言動を許さず、中国への警戒心も強めた。トランプ氏は5月22日の米韓首脳会談で語っている。

「北朝鮮の非核化は極めて短期間に一気に実施するのがよい」「もしできなければ、会談はない」

トランプ氏は米国の要求を明確にし、会談延期の可能性にも言及しながら、正恩氏と会うのは無条件ではないと明確に語ったわけだ。

中国関連の発言は次のとおりだ。

「貿易問題を巡る中国との交渉においては、中国が北朝鮮問題でどう助けてくれるかを考えている」

「大手通信機器メーカー中興通訊（ZTE）への制裁緩和は習（近平）主席から頼まれたから検討している」

「金正恩氏は習氏との2度目の会談後、態度が変わった。気に入らない。気に入らない。気に入らない」

トランプ氏は3度繰り返して強い嫌悪感を表現している。

「正恩氏が中国にいると、突然報道されて知った。驚きだった」

「習主席は世界一流のポーカー・プレーヤーだ」

北朝鮮問題での中国の協力ゆえに貿易問題で配慮しているにも拘らず、正恩氏再訪中について自分には通知がなく、米国が求める短期間の完全核廃棄に関して、習氏は北朝鮮同様、段階的廃棄を主張しているという、不満だらけの発言だ。

この時までに、トランプ氏は自分と習氏の考えが全く異なることを実感し始めていたであろう。中国は国連の制裁決議違反とも思える実質的な対北朝鮮経済援助を再開済みだ。中朝国境を物資満載のトラックが往き交い、北朝鮮労働者は通常ビザで中国の労働生産現場に戻っている。

こんな中国ペースの首脳会談はやりたくない、だが、米国の対中貿易赤字を1年間で約10兆円減らすと中国は言っている。2年目にはもう10兆円減らすとも言っている。どうすべきか。こうした計算をしていたところに、善姫氏によるペンス副大統領への攻撃があり、トランプ氏はこれを利用したのではないか。

いま、米国では民主、共和両勢力において対中警戒心が高まっている。米外交に詳しい国家基本問題研究所副理事長の田久保忠衛氏が指摘した。

「米国の中国問題専門家、エリザベス・エコノミー氏が『中国の新革命』と題して、フォーリン・アフェアーズ誌に書いています。習氏の中国を、『自由主義的な世界秩序の中でリーダーシップを手にしようとしている非自由主義国家である』と的確に分析し、国際秩序の恩恵を大いに受けながら、その秩序を中国式に変え、自由主義、民主主義を押し潰そうとしていると警告しています」

中国に厳しい目

エコノミー氏は、習氏の強権体制の下、あらゆる分野で共産党支配の苛烈かつ非合法な、搾取、弾圧が進行中で、米国は中国との価値観の闘いの真っ只中にあると強調する。

米国は本来の価値観を掲げ、同じ価値観を共有する日豪印、東南アジア諸国、その他の発展途上国にそれを広げよと促している。

「もう一つ注目すべきことは、米国のリベラル派の筆頭であるカート・キャンベル氏のような人物でさえも中国批判に転じたことです。彼はオバマ政権の、東アジア・太平洋担当の国務次官補で、非常に中国寄りの政策を推進した人物です」

キャンベル氏は、これまで米政府は中国が米国のような開かれた国になると期待して助力してきたが、期待は裏切られた、もっと中国の現実を見て厳しく対処すべきだという主張を同誌で展開している。

米国が全体として中国に厳しい目を向け始めたということだ。米中間の経済交流は余りに大規模なために、対中政策の基本を変えるのは容易ではないが、変化は明らかに起きている。

5月27日には、米駆逐艦と巡洋艦が、中国とベトナムが領有権を争っている南シナ海パラセル諸島の12海里内の海域で「航行の自由」作戦を実施した。同海域で、中国海軍と新たに武装警察部隊に編入された「海警」が初めて合同パトロールを実施したことへの対抗措置だろう。

それに先立つ23日、米国防総省は環太平洋合同軍事演習（リムパック）への中国軍の招待を取り消した。18日に中国空軍が同諸島のウッディー島で、複数の爆撃機による南シナ海で初めての離着陸訓練を行ったことへの対抗措置か。

中国の台湾への圧力を前に、トランプ政権は3月16日、台湾旅行法を成立させ、米台政府高官の交流を可能にした。トランプ政権の対中認識は厳しさを増しているのである。

シンガポールで、中国はいかなる手を用いてでも北朝鮮を支えることで、朝鮮半島の支配権を握ろうとするだろう。それをトランプ氏はもはや許さないのではないか。許さないように、最後の瞬間まで、トランプ氏に助言するのが安倍首相の役割だ。


（2018年6月7日号）

米国の真の相手は、北を支える中国だ

世界の安全保障問題専門家が集うアジア安全保障会議では、2018年もまた中国への物言いが際立った。シンガポールでの3日間の会議で、6月1日、基調講演に立ったのはインドのナレンドラ・モディ首相である。

モディ氏はインド・太平洋の在り様が世界の運命を定める重要な要素だとし、「大洋が開かれているとき海の安全が保たれ、国々は結ばれ、法治がいきわたり、地域は安定し、国家は大小を問わず主権国として栄える」と謳った。

どこから聞いても、南シナ海のほぼすべてが自国領だと主張し、第1及び第2列島線で米国の進入を防ぎ、インド・西太平洋に君臨しようとする中華大帝国思想への批判である。インドは「東に向かえ」政策（Act East Policy）の下で、日、米、豪を筆頭にASEAN諸国やロシアを含めた大同団結で、平和で繁栄するインド・太平洋圏を構築すると語った。

翌日は、ジェームズ・マティス米国防長官が演説した。小野寺五典防衛相のマティス氏の人物評は、「極めて物静か、人の話に耳を傾ける、控えめに話す」である。そのとおりに、マティス氏は冷静な口調ながら、冒頭から鮮やかに切り込んだ。

「私にとって2回目の参加です。専門家が集い、自由で開かれた海としてのインド・太平洋の重要性を共通の認識とする最高の機会です」

「昨年は主として耳を傾けました。今日、私はトランプ政権のインド・太平洋戦略を共有してもらうために来ました」

無駄な修飾語のひとつもなく、事柄の核心だけを淡々と述べる。それは自ずと中国への批判となった。

「米国は台湾との協調関係を誠実に守ります。台湾関係法に基づいて台湾の自主防衛に必要で十分な防衛品を供給し、助力、協力します。如何なる一方的な現状変更にも反対し、(台湾海峡の)両岸の人々の意思が尊重されなければならないと主張します」

習主席が語った言葉

台湾に対する中国の一方的手出しは看過しないと言明した、この突出した台湾擁護には、実は背景がある。トランプ大統領は２０１７年12月、６９２０億ドル（約79兆円）の軍事予算を定めた国防権限法案に署名し、台湾への手厚い対策を実現しようとした。高雄を含む複数の港に米海軍を定期的に寄港させ、台湾海軍も米国の港に定期的に寄港することを許可し、台湾の自主潜水艦建造、機雷製造など水中戦力の開発を技術的、経済的に支えようとした。

ところが中国が猛烈な巻き返しに出た。米議会への中国のロビー活動は凄まじく、法案は事実上骨抜きにされた。だがトランプ氏も国防総省も引っ込みはしない。トランプ氏はすでに台湾の潜水艦の自主建造に必要な部品の輸出の商談を許可し、シンガポールではマティス長官が前述の台湾擁護の演説をしたのである。

マティス氏は「南シナ海における中国の政策は我々の『開かれた海』戦略に真っ向から対立する。中国の戦略目標を疑わざるを得ない」と語り、「南シナ海の軍事化で対艦ミサイル、対空ミサイルが配備され、電波妨害装置が導入され、ウッディー島には爆撃機が離着陸した。恫喝と強制だ。ホワイトハウスのローズガーデンで2015年に（南シナ海人工島は軍事使用しないと）習（近平）主席が語った言葉と矛盾する。こうした理由ゆえに我々は先週、環太平洋合同軍事演習（リムパック）への中国の招待を取りやめた」と説明したのである。

軍人出身らしい無駄のない極めて短い表現で、事実のみを淡々と披露したマティス氏に、例の如く中国側は激しく反論した。

今回の会議に中国代表として参加していた人民解放軍軍事科学院副院長の何雷《ホーレイ》中将は「米軍の航行の自由作戦こそ、南シナ海の軍事化だ」と反論した。他方、中国外交部は、マティス発言以前に華春瑩《ファチュンイン》報道官が米国の南シナ海に関する発言に対して「盗人猛々しい狡猾さ」だと口汚い非難を展開済みだ。

決して自分の非を認めず必ず他国のせいにするのが中国だが、彼らは17年から、大物をアジア安全保障会議に派遣しなくなったと、「国家基本問題研究所」研究員、太田文雄氏が指摘する。現に18年の代表の階級は中将だ。

「ここ数年、シンガポールに行く度に彼らは国際社会から総スカンを食らってきました。国際社会の中枢勢力と折り合うのを諦めて、独自の道を模索し始めたのではないでしょうか。それが香山フォーラムです」

トランプ大統領は大丈夫か

香山フォーラムは06年の創設である。米国、日本、インド、NATO諸国など、自由と法治を尊ぶ国々の価値観に基づく安全保障論は、どこまでいっても中国のそれとは折り合わない。そこで、中国が影響力を及ぼし得る国々を集めて軍事の世界を仕切ろうという意図が見える。中国はアジア安全保障会議に取って代わる、中国主導の安全保障会議を創り出したいのである。16年の同フォーラムに、彼らは64の国や組織が集まったと喧伝する。アジアインフラ投資銀行（AIIB）や一帯一路（OBOR）構想には中国マネーに魅きつけられて多くの国が参加した。しかし中国の軍事力やその安全保障政策に魅きつけられる国々は、現時点では多くなく、影響力も小さい。

ただ、中国の意図を過小評価してはならないと思う。彼らはハーグの国際司法裁判所の中国版の創設も目指している。金融、経済、軍事、司法などの全ての分野において中国式のルールを打ち立て、それによって世界を支配しようと考えているのは明らかだ。

まさに価値観の闘いに、中国は本気で挑んでいるのである。そのことに私たちは気づかなければならない。米国は、少なくとも国防総省や通商代表部などの行政組織、それに立法府である議会、とりわけ上院は十分に気づいているはずだ。だからこそ、米国と台湾の要人の往来を自由にする台湾旅行法を、上院は党派を超えて全会一致で支持したのではないか。地政学上、台湾擁護は南シナ海の安定に直結する。インド・太平洋を開かれた海として維持するには台湾を死守しなければならないという認識であろう。

米中の価値観は全く異なる。対立の根は深い。その中で北朝鮮問題に関してトランプ大統領の姿勢は大丈夫か。トランプ氏は、中国が北朝鮮を支え始めてから金正恩朝鮮労働党委員長が変化したと批判した。

中国の支援があるからこそ、北朝鮮は朝鮮半島の非核化とは言っても、「完全で検証可能かつ不可逆的な核廃棄」（ＣＶＩＤ）とは決して言わない。

北朝鮮の路線に乗る限り、トランプ氏の交渉はそれ以前の政権と同じく失敗に終わるだろう。トランプ氏はその元凶の中国に対してこそ厳しく対峙しなければならないのである。

（２０１８年6月14日号）

極東情勢大転換、日本の正念場だ

全世界が注目した2018年6月12日の米朝首脳会談の共同声明を読んで、つい、「耐震偽装」という言葉を思い出した。スカスカで強度が足りない。「北朝鮮の完全非核化」を達成させるといっても、そこに至る具体的取り決めが盛り込まれていない。これで大丈夫かと、疑問を抱く。共同声明には、「完全で検証可能、不可逆的な核の廃棄」（CVID）という言葉はない。「北朝鮮の非核化」もない。代わりに「朝鮮半島の非核化」が3度繰り返されている。

朝鮮半島の非核化は、北朝鮮が非核化を達成する前提として、韓国が米国の核の傘から外れることを想定するものだ。つまり、米韓同盟の解消が前提で、中国や北朝鮮が長年主張してきたことに他ならない。

韓国は長年、米韓同盟によって守られてきた。歴代政権も同盟を重視してきた。だが、文在寅大統領の下の、今日の韓国は必ずしもそうではない。韓国は驚くほど大きな政治的変化を遂げてしまったのである。

米朝首脳会談という史上初の派手な出来事の陰に隠れて、韓国では6月13日に統一地方選挙が行われた。米朝会談の翌日に行われたこの選挙について、なぜか日本ではほとんど報道されていないが、文大統領の与党で左翼政党の「共に民主党」が圧勝した。文氏は2017年、経験も不十分な左翼の判事をいきなり大法院（最高裁）長官に抜擢した。新長官は前長官の「非合法な行為」をあげつらい、前長官を刑事告訴しようとして、他の判事と対立中である。

統一日報論説主幹の洪熒《ホンヒョン》氏は、「司法の左傾化が決定的になるかもしれず、熾烈な戦いが進行中です」と語る。

韓国では左派勢力が、文大統領と共に行政府を握った。マスコミ界、教育界も親北朝鮮の左派勢力が席巻している。いま、議会（立法府）が左翼勢力に席巻され、司法も危ういのだ。結果として韓国は本当に別の国のようになりつつある。このことを、日本人はもっとはっきり認識しておくのがよい。

「戦争ゲーム」

そもそも、6月13日の選挙前日に米朝首脳会談が設定されたのはなぜか。韓国では文氏と朝鮮労働党委員長の金正恩氏が共謀したという見方が濃厚だ。事実、選挙前日に行われた米朝首脳会談の効果は絶大だった。米朝会談への流れを作ったのは文氏だと喧伝され、支持率は70%を超え、決定的な追い風となった。こうして文氏の左翼政党が圧勝し、正恩氏に批判的な保守勢力は潰滅的敗北を喫して力を失った。韓国の保守論壇の中心人物ともいえる趙甲濟《チョガプジェ》氏は「韓国は国家自殺の道を進んでいる」と警告した。

権力基盤を固めた文氏は、かねてより掲げていた南北朝鮮の連邦政府樹立をはじめとする対北宥和策を加速させるだろう。米韓同盟の後退もしくは破棄は、中朝両国のみならず、文氏をはじめとする韓国左派勢力が長年渇望してきたことだ。無論、ロシアも大歓迎であろう。

こうした状況を知ってか知らずか、米朝首脳会談直後の記者会見でトランプ大統領は、米韓合同軍事演習を「戦争ゲーム」と呼んで、中止を示唆したのである。中止の理由は、「恐ろしく金がかかる」「(軍事演習は）挑発的だ」からだそうだ。グアムからB-1B爆撃機を北朝鮮上空付近まで飛行させた件についても、トランプ氏は「6時間半の飛行だ。非常に金がかかる」と批判した。

安全保障戦略や軍事行動のひとつひとつを「金勘定」を基準に評価するのでは、北朝鮮の背後に構える中国に最初から白旗を掲げるようなものだ。米韓合同軍事演習の中止について、日本政府中枢の安全保障問題の専門家はこう述べた。

「米国でも専門家は皆、馬鹿げた考えだと言っています」

だが、米大統領の言葉は非常に重い。合同軍事演習は、「北朝鮮が真摯に非核化に向けての話し合いを続けている限り」との条件つきながら中止することになってしまった。

シンガポールでの6月12日の記者会見で、トランプ氏はさらに在韓米軍撤退の可能性にまで触れた。米朝首脳会談とは別に、在韓米軍3万2000人を家に戻すことは大統領選挙のときの自分の公約だと強調したのである。

トランプ氏の国家安全保障問題担当大統領補佐官、ボルトン氏は別の意味で在韓米軍の撤退を前向きにとらえている。米軍を日本や台湾に移すことで、米兵が朝鮮半島で人質にとられている現状を変えられるというのが理由のひとつだと、氏は説明している。

また、米国内には、朝鮮半島よりも台湾にコミットすべきだとの見方が生まれている。台湾を中国に奪われれば南シナ海はほぼ完全に中国の海になってしまう。戦略的な台湾の重要性は韓国のそれを上回るという分析だ。その考えに従えば、釜山に戦略的拠点さえ確保できれば、米軍は朝鮮半島から引き揚げてもよいことになる。

国民を守る

無論、米国内にも反対論は根強い。それでもトランプ氏が決意すれば、日米中露南北朝鮮の6か国の中で、明確に米軍引き揚げに反対するのは、日本だけになりそうな状況だ。

朝鮮半島からの米軍の引き揚げは、間違いなく極東情勢を一変させずにはおかない。その場合、日本の姿はどうなるか。米軍の核の傘から韓国が脱け出し、残るのはわが国だけになる。このような国の在り方でよいのかと、私たちは問うべきだ。

安倍首相は、いまやトランプ氏以下、米国政府が掲げるインド・太平洋戦略を提起した首脳である。トランプ氏が突然拒否した環太平洋パートナーシップ協定（TPP）を米国抜きで取りまとめ、欧州連合（EU）とのEPAもまとめ上げた。国連安全保障理事会で北朝鮮に対する制裁決議を採択に導いたのも、安倍首相だ。

日本が掲げる価値観は、国際社会に遍《あまね》く通用する普遍的価値観であることを確信して、世界の秩序構築に貢献してきた。日本の進むべき道筋をきちんと押さえた外交・安保戦略を提示してきた。

だが、それでも、拉致問題は解決されていない。日本国は40年以上も国民を救出し得ていないのである。どれほど立派な提言ができても、国民を守るという国家の基本的責務を果たし得ないのでは、日本は国家として立つ瀬がない。
トランプ大統領は拉致問題交渉のとば口まで、道をつけてくれた。今後のことは、韓国からの米軍撤退も含めて何があっても不思議ではない。米朝交渉で米国が劣勢に立つこともあり得る。極東情勢は大転換してしまったのだ。そのことを覚悟して、日本が力を発揮して拉致被害者を取り戻すには、迂遠かもしれないが憲法改正などを通して力の外交もできる国にならなければならない。

（２０１８年６月28日号）

拉致解決を国交正常化に優先せよ

いったん公約したことはなり振り構わず実行する。パリ協定及びTPP脱退、中国への懲罰的関税、EU諸国や日本にまで関税をふりかざすことも含めて、良くも悪くも「アメリカ第一」の公約を守る。トランプ米大統領のこんな傾向が北朝鮮への脅威になる。

米朝首脳会談における共同声明は、トランプ氏が北朝鮮に「安全の保証を与えることを約束」し、金正恩委員長は「朝鮮半島の完全非核化への確固で揺るぎのない約束を再確認した」と謳った。

トランプ氏は首脳会談直後の会見で、米韓合同軍事演習は北朝鮮との対話が続いている間は行わないと語った。対話が中断されれば、再開するということだ。

6月14日にはポンペオ国務長官が「北朝鮮の核計画について、できる限り早く全容を把握することが極めて重要だ。それは数週間以内に行われる取り組みのひとつ」だと述べ、迅速に事を運ぶ姿勢を強調した。同氏は17日、韓国の康京和外相との電話会談で、「完全かつ検証可能で不可逆的な非核化（CVID）」を求め続けることを確認したが、その前日、安倍晋三首相が「核の脅威がなくなることによって平和の恩恵を受ける日本などが、（国際原子力機関〈IAEA〉による調査費用を）負担するのは当然だ」と語っている。日米の協調を示したのだ。

米韓両政府は19日、正式に8月の米韓合同軍事演習を中止すると発表し、22日には、米国防総省がさらに2つの演習、米韓の海兵隊による合同訓練（KMEP）も中止すると発表した。

国防総省は、同決定がマティス国防長官、ポンペオ氏、ボルトン大統領補佐官の協議の結果だと発表したが、対北最強硬派のボルトン氏も承諾したことは、一連の演習中止が安易な妥協ではなく、北朝鮮にCVIDを実行させるための強固な意思の反映だということを示している。米国が軍事演習をやめないから北朝鮮は非核化に踏み切れないのだ、という類の口実を与えないための演習中止だと見てよいだろう。

日本国民を救出

同日、トランプ氏は米議会に、北朝鮮の核は米国の安全保障にとって「なお脅威である」との書簡を送ったが、これも北朝鮮に完全非核化へ行動をおこすよう促したものと見るべきだろう。

トランプ氏は北朝鮮が誠実に約束を守れば、爆撃しないだけではなく、「繁栄する未来」が来るとも語っている。北朝鮮の東海岸の美しいビーチには豪華なホテル群を建てればよいと、トランプ氏は述べたが、繁栄する未来もホテル群も、電力をはじめとするインフラを整備しなければあり得ない。それには資金が必要だが、米国は出さない。代わりに日本や韓国が出すというのがトランプ氏の考えだ。とりわけ日本との国交正常化によって巨額の資金を北朝鮮は手にすることになると、トランプ氏も考えている。

北朝鮮の経済規模は国民総生産（GNP）が200億ドルから300億ドルという数字がある。小泉純一郎氏が訪朝した2002年、氏は100億ドルの援助を約束したと言われている。GNPの半分に達しようという額は北朝鮮にとって夢のようだったはずだ。北朝鮮経済は当時と比べて全く改善されていない。だからこそ日本の援助がどうしても欲しいはずだ。

周知のように安倍首相はトランプ氏に会う度に拉致問題について説明してきた。核、ミサイルだけでなく拉致も解決されなければ日朝国交正常化はあり得ない、正常化なしには経済支援もあり得ないと、首相は繰り返してきた。

トランプ氏は首相の言葉を頭に刻み、正恩氏との会談では、明確に伝えたという。「シンゾーは拉致が解決されなければ一銭も出すつもりはない」とも言ったはずだ。拉致被害者全員を取り戻すまでは、日本はビタ一文払わないという安倍首相の決意がトランプ氏を介して正恩氏に伝えられたのである。このことを、救う会代表の西岡力氏が、ネット配信の「言論テレビ」で興奮気味に語った。

「安倍首相は拉致問題をトランプ大統領のディールに組み込むことに成功したのです。横田めぐみさんをはじめ、40年以上も北朝鮮に囚われている日本国民を救出できるとしたら、その可能性に最も近づいているのがいまなのです」

正恩氏は、自分が完全非核化の約束を守らなければ、トランプ氏は怒り、斬首作戦を実行するかもしれないと恐れているはずだ。だからこそ、度重なる中国詣でで身を守ろうとしているのだ。

いまは、何としてでもトランプ外交を成功させなければならない。そのためにも、日本の私たちが国家の大問題である拉致被害者全員の救出に向けて、強い気持ちで一致団結するときだ。安倍首相が強調するように対北制裁緩和の時期を間違ってはならないのである。早すぎる緩和は必ず失敗する。今回は北朝鮮が行動を起こすまで、慎重にタイミングを測るべきだ。

日朝議連

にも拘らず、おかしな動きがある。6月21日に開かれた日朝国交正常化推進議員連盟（日朝議連）は早期の日朝会談を求めている。入会者65名中、本人出席は41名に上った。出席議員は自公与党から社民、共産まで幅広い。与党からは、議連会長の衛藤征士郎氏と共に、石破茂氏が出席していた。北側一雄、竹下亘両氏らも与党議員だ。社民党は福島瑞穂、又市征治両氏が、立憲民主党は阿部知子、生方幸夫両氏らが、共産党からも複数が出席した。

国会審議には応じようとしない野党議員が多数顔を見せたことや、与党議員である石破氏らが、福島氏や又市氏らと一堂に会する姿には、違和感を禁じ得ない。

同議連は金丸信氏の流れを汲む勢力が自民党に影響力を持っていた時代に、北朝鮮との国交正常化を大目標に結成されたものだ。金丸氏が訪朝した当時、拉致問題はようやく明らかになりはじめていたが、氏は金日成主席に拉致に関して何も質《ただ》さなかった。

拉致問題解決を目指す拉致議連会長の古屋圭司氏は、自民党内にも対北宥和策や経済的うまみを拉致解決より優先する人々が存在すると語った。

「自民党が下野していた時、党政調会の正式会議で安倍さんと日朝議連の衛藤さんが激論したのを覚えています。衛藤さんが宥和策を主張し、安倍さんは宥和策では解決できないと激しく反論した。安倍さんが正しかったのは明らかです。この10年ほど静かだった日朝議連が最近再び活動し始めました。早く日朝首脳会談を行えというのです」

日朝議連が主張するように前のめりになれば、これまでの20年余と同じ結果になって騙される。それよりも今は、安倍首相に交渉を一任し、国民全体で支えることが何よりも必要である。

（2018年7月5日号）

中国が進めるパックス・シニカの道

２０１８年7月1日、東京で東アジア地域包括的経済連携（ＲＣＥＰ《アールセップ》）の閣僚会合が開催され、年内の大筋合意を目指すとの点で一致した。

ＲＣＥＰは日中韓豪印にニュージーランドと東南アジア諸国連合（ＡＳＥＡＮ）10か国の、計16か国で構成される。実現すれば世界人口の約半分、ＧＤＰで約3割を占める巨大広域経済圏となる。

日本がＲＣＥＰに求めるのは高水準の自由化、知的財産権の保護に代表される国際法の順守に加え、公正さや透明性だ。すでに米国が知財権侵害で中国を世界貿易機関（ＷＴＯ）に提訴したように、世界の知財権窃盗の8割は中国によると言われる。悪質な知財権侵害は、とりわけ先進国にとって共通の深刻な問題である。

今回、ＲＣＥＰでは年内合意を目指すとされたが、日本と中国の価値観は大きく異なる。中国の価値観に引っ張られることなく、ＲＣＥＰをいかに自由な経済圏にしていくかが死活的に重要だ。中国に譲ることになれば彼らの価値観に基づく彼ら主導の大経済圏が出現する。日本人も世界も望まない形になりかねないＲＣＥＰに日本は非常に慎重だった。

環太平洋経済連携協定（TPP）をまとめ上げた日本は、TPP並みとまではいかなくとも、RCEPにも公正な自由貿易体制の確立を求めてきた。日本の要求は中国の思惑とは正面からぶつかる。そこで日本や米国はまずTPPで公正さや透明性、国際法順守といった点で高い水準の枠組みを作り、そこに中国も入らざるを得ないような広域経済圏を作ることを目指した。まず自由主義陣営の側の体制を作り、私たちの側が主導権を握るという構想だ。

だが米国のトランプ大統領の反乱で状況が逆転した。トランプ氏はTPPは勿論、RCEPにも背を向け、保護主義的政策に走る。氏が多数の国で話し合って決める多国間協定よりも、一対一の交渉を好んできたのは周知のとおりだ。世界の最強国が一対一の交渉で強い要求を出せば、大概の国は屈服せざるを得ないだろう。「アメリカ第一」の強硬路線は米国の眼前の国益は守れるかもしれない。しかし、すでに米国の誇るハーレーダビッドソンが、製造拠点の一部を海外に移そうとしているように、眼前の利益だけを見詰める政策は米国自身をも傷つける。

米国の影響力が低下

もっと深刻なのは米国に対する国際社会の信頼や敬意が殺《そ》がれ、米国の影響力が低下することだ。自由主義陣営にとって決してよいことではない。

中国は2017年10月の第19回中国共産党大会で高らかに謳い上げたように、建国100年の2049年までに経済的にも軍事的にも米国を凌駕し、「中華民族はますます溌剌として世界の諸民族の中にそびえ立つ」ことを目指す。その目的達成のために中国が準備してきた国際的枠組みの代表例が、17年の共産党大会で党規約に正式に盛り込まれた一帯一路構想だ。今世紀半ばまでに世界最強の民族になると誓った中国共産党は全地球に中国による網を張り巡らせようと、あらゆる分野に手を広げてきた。その結果、もはや「一帯一路」ではなく、「六帯三路」だなどの声もある。

駒澤大学教授の三船恵美氏の分析は明快だ。一帯一路はパックス・シニカ（中国による世界の平和維持）を目指す構想であり、もはや明確な地図や地域はなく、シルクロードの地域を超えて中国の勢力がグローバルに展開しているというのだ（「中国外交のユーラシア的展開」『ＪＦＩＲ ＷＯＲＬＤ ＲＥＶＩＥＷ』第1号）。

米国による世界秩序の維持、パックス・アメリカーナを脅かす具体例が一帯一路構想である。その実態を三船氏はざっと以下のように説明する。中国が各国や各組織（たとえば欧州連合）などと、①政策面で意思の疎通をはかり、②中国と同じ規格のインフラを整備し、③貿易を円滑化し、④資金を融通し、⑤国民を相互に結びつけることによって、世界の政治経済秩序を中国が主導する。地球全体に影響を及ぼし、「朋友圏」（友邦圏）を形成し、「人類の運命共同体」として、中国が主導していくことを目指している。

中国は影響力拡大のために地政学を見据えた戦略を進めている。たとえば、中国と中欧、東欧の16の国々が構成する国際的枠組み、「中国・中東欧諸国首脳会議」（16＋1）である。

中国は欧州諸国との2国間関係、欧州連合との関係に加えて「16＋1」を構築した。16か国の内11か国がＥＵの加盟国だが、中国はそれらの国々をも含めて、インフラ事業を共に推進し、投資を行い、多層的複層的な関係を築いて影響力を浸透させていく。地政学的、政治学的な陣取り合戦を巧みに進めてきたのである。

他方、南アジアにおいて中国にとって大事なことはインドを超大国にさせず、地域大国におさえておくことだ。そのために中国はインド包囲網を築いてきた。「真珠の首飾り」と呼ばれた海からの包囲網は、いま、安倍晋三首相が提唱した「インド・太平洋戦略」で打ち消されたかに見える。

三船氏はしかし、陸上での事象に注意を促す。ブータンの高原ドクラムに中国人民解放軍が駐屯地を建設し、1600人とも1800人とも言われる軍人が駐留していると指摘する。

中国には、ミャンマーもバングラデシュも従順だ。ドクラムの中国軍と共にこの2か国が手を結べば、挟み撃ちになるのがインド東部7州だというのだ。インド本土と切り離される形になる7州には、水源の地で、中国が自国領だと主張するアルナチャル・プラデーシュもある。

7つもの州が孤立させられ奪われる危険が生じるとしたら、軍事的に中国に劣るインドは外交交渉に軸足を置くだろう。そのとき日本が提唱し、トランプ政権も外交戦略に取り入れたインド・太平洋戦略に、インドがどれだけ協力するだろうか、という三船氏の問いはもっともだ。

中国は北極海への野心も隠さない。プーチン大統領をパートナーとする氷のシルクロード構想は発表済みだ。中国の北極海進出には日本海、津軽海峡、宗谷海峡といった地点における拠点が必要である。日本はこのような変化の中で一体どういう道を選べるだろうか。

世界制覇の道

中国が着実に世界制覇の道を進んでいるのである。全世界に張り巡らされた一帯一路の網は、世界がすでにパックス・アメリカーナからパックス・シニカに移ろうとしていることを示していないか。日本にとってこの上なく深刻な状況を前に、政治家のみならず日本人全員が考えなければならない。

（２０１８年７月12日号）

認識せよ、力が支配する世界への変化を

ドナルド・トランプ米大統領は、2018年6月8、9日にカナダ・ケベック州で開かれた先進7か国首脳会議（G7）に遅れて現われたうえ、2日目は午後の会議に出席せずに早く発った。鉄鋼・アルミの輸入制限拡大、制裁関税問題などで他の6か国と相容れず、「6＋1」の対立となったのは周知のとおりだ。居心地の悪さから抜け出したその足で、トランプ氏は朝鮮労働党委員長の金正恩氏に会うためシンガポールに向かった。

米朝首脳会談を終えて、「私は彼（金正恩氏）をとても信頼している」とコメントし、会談翌日には「もはや北朝鮮の核の脅威はない」とSNSで呟いた。

米韓合同軍事演習中止にまでつながったトランプ氏の楽観は、しかし、物の見事に粉砕された。6月29日、NBCテレビは、北朝鮮の非核化の意思に疑問ありとして、米政府当局者の「北朝鮮が米国を騙そうとしている明確な根拠がある」との声を報じた。衛星写真から北朝鮮の核関連施設が拡張され、建設が進んでいるのが明らかになった。

そうした中、ポンペオ国務長官が7月6日、北朝鮮を三度訪れ、2日にわたる協議に臨んだ。平壌の順安《スナン》空港で会見したポンペオ氏は一連の会談はすべて「非常に生産的」だったと語った。

しかし氏が飛び立ったあと、北朝鮮の朝鮮中央通信は「米国側の『強盗的な要求』を北朝鮮が受け入れざるを得ないと考えているなら、それは（アメリカの）致命的な誤りだ」という、ポンペオ氏の説明とは正反対の外務省の声明を発表した。

自身の発言が「強盗的な要求」と非難されたにも拘らず、平壌から日本に直行したポンペオ氏は、こう弁明した。

「北朝鮮は誠実だった。実際にそうだった。報道を、いちいち気にしていたら気が狂う。ギャングスターのような要求をしたと言われたが、世界はギャングスターだらけだ」

「敵と味方」の区別

今回の協議でも北朝鮮が完全な非核化（ＣＶＩＤ）に応じないであろうことは明確になった。非核化実現の意思があれば核兵器解体についての議論が当然なされるはずだ。だがポンペオ氏は「騙された」ことを認めない。「ウォール・ストリート・ジャーナル」（ＷＳＪ）紙は７月２日の社説で「寧辺《ヨンビョン》での活動拡大は金（正恩）が首脳会談での果実を、非核化に踏み出すことなしに手にしたことを示す」としてトランプ外交の失敗を指摘した。

トランプ氏は７月の11日から２日間、ベルギーでＮＡＴＯ（北大西洋条約機構）首脳会議に出席するが、氏はＮＡＴＯ諸国に軍事費増額を要求する手紙を送付済みだ。

ＮＡＴＯはロシア（旧ソ連）の脅威に対処するために西側諸国が１９４９年に創設した。どの国であれ加盟国への攻撃は自国への攻撃と見做して、全加盟国が互いに守り合う集団的安全保障の仕組みがＮＡＴＯだ。

トランプ氏は、そのＮＡＴＯは米国におんぶに抱っこだ、自国防衛なのに十分な軍事費を払っていない、と非難する。２０１４年３月、ロシアがクリミア半島を奪い、４月、東ウクライナの親ロシア派を支援したとき、ＮＡＴＯ諸国は自国のＧＤＰの２％を国防費に回し、うち20％を軍備や装備の充実に使うと合意した。合意を守ったのは、米国（３・57％）、ギリシャ（２・36％）、英国（２・12％）、エストニア（２・08％）の４か国で、ＥＵの盟主、ドイツは１・24％、フランス１・79％、カナダ１・29％などにとどまる（２０１７年の概算）。

こうした状況にトランプ氏は怒り、ＮＡＴＯ諸国の首脳になぜ基準を満たせないのかと、非難する書簡を出した。世界最大規模の軍事予算を使っている米国としては当然の不満であろうが、その怒りを認めても解せないのは、ＮＡＴＯ諸国との首脳会議後に、ヘルシンキで米露首脳会談を行うことだ。

トランプ氏はカナダでのＧ７に先立って、ロシアをＧ７に復帰させるべきだと語った。フランス政府高官は、クリミア半島はロシアに併合されたままでロシア復帰の条件は整っていないと批判し、メルケル独首相もメイ英首相も同意見を表明した。

前述のようにＧＤＰ比２％の条項はそもそもウクライナ侵略で、ロシアがクリミアを奪ったことが直接のきっかけだった。トランプ氏はこの２％条項を守らないといってＮＡＴＯ諸国を非難する一方、その原因を作ったプーチン大統領とは「うまくやれそう」だとして首脳会談に臨むというのである。

Ｇ７で対立して正恩氏に会いに行く。ＮＡＴＯ諸国を叱りとばしてプーチン氏に会いに行く。共通の矛盾が見てとれないか。トランプ氏には「敵と味方」の区別がつかないということだ。

日本ができること

いま世界で起きているのは大きな価値観の戦いである。トランプ氏の頭の中では2018年秋の中間選挙が最も重要なのだろうが、国際社会は約100年振りに、自由を掲げるアメリカの価値観が専制政治を掲げる中国の価値観に取って代わられようとする局面に直面しているのだ。アメリカ主導のパックス・アメリカーナが揺らぎかけ、中国主導のパックス・シニカの時代に引き摺り込まれようとしている。ルールを基本とする世界から、力を基本とする世界へのシフトが起こりつつあるのだ。中国的な価値観を受け入れ、自由や民主主義を弾圧しているのが北朝鮮やロシアである。

従って米朝関係も中国というファクターを入れて考えると分かり易い。正恩氏は「朝中はひとつの家族のように親密で友好的」で、「朝中はひとつの参謀本部の下で緊密に協力」すると語っている。トランプ氏も「中国との貿易問題を協議するときは北朝鮮のことも考える」と語っている。

米国が北朝鮮問題で梃摺《てこず》ることは中国にとって大歓迎だ。北朝鮮が無茶な要求をすればするほど、アメリカは中国の協力を必要とする。今回の北朝鮮によるポンペオ氏に対する強盗呼ばわりも、中朝が示し合わせて行った可能性がゼロではないだろう。折しも米中両国は、互いに制裁関税に踏み切った。まさに戦争である。

この局面で日本にできることは多い。アメリカが成し遂げようとしていることは、不公正な貿易で利益を上げる中国的手法の排除であろう。そのようなことはTPP（環太平洋経済連携協定）にとどまりさえすれば、多国間の枠組みの中でできたことだ。
だが、トランプ氏はそのことに気づかない。それだけに安倍晋三首相の役割は大きい。欧州連合（ＥＵ）は日本との経済連携協定（ＥＰＡ）に7月11日、署名すると正式決定した。日本が主導したＴＰＰは合意済みだ。これらの枠組みを早く発効させて、中国中心になりかねないＲＣＥＰ（東アジア地域包括的経済連携）に先行し、価値観を同じくする国々との連携を広めることが大事だ。

（２０１８年7月19日号）

トランプの独批判は即日本批判だ

この記事はヘルシンキでトランプ・プーチン会談が行われている日に書いている。米露首脳会談の結果はわからないが、プーチン大統領にとって開催しただけで得るものが多く、トランプ大統領にとっては、米朝の時と同じ「シンガポール型首脳会談」になると見てよいだろう。トランプ氏の「大言壮語」の割には米国が得るものは甚だ少ないという意味だ。

私たちは、米朝協議で米国が明らかに北朝鮮のペースに嵌まっていることを認めないわけにはいかない。初の米朝首脳会談は、共同声明に北朝鮮のCVID（完全で検証可能かつ不可逆的な核の解体）という大目標を明記するものと期待されたが、CVID抜きの漠とした内容にとどまった。

2018年7月上旬の3回目の訪朝で、米国の要求する「非核化」の内容を改めて突きつけたポンペオ国務長官を、北朝鮮は「強盗」にたとえた。この大胆な非難は、金正恩氏がトランプ氏はもはや軍事オプションなど取れないと、足下の状況を見抜いたからであろう。

プーチン氏との首脳会談でも、トランプ氏の準備不足とロシアの脅威に対する認識の欠落が米国にとって決定的に不利な状況を生む可能性がある。ベルギーでのNATO（北大西洋条約機構）首脳会議を終えて7月12日、英国に到着したトランプ氏は米露首脳会談について記者団に語った。

「君たちお気に入りの質問をするさ。（選挙に）介入したかと聞くよ。彼は否定するかもしれないが。自分が言えることは『やったのか、二度とするなよ』ということだ」

NATO首脳会議から英国訪問、その後の米露首脳会談に至る旅で、トランプ氏は「一番たやすい（easy）のはプーチンとの会談かもしれない」と語っている。トランプ氏は自分の向き合う人物が、ソ連崩壊を「20世紀最大の地政学的大惨事」とみなし、27年間ソビエト帝国建て直しを夢見てきた男であることを知らないのか。米国を外敵ナンバーワンと位置づけ、愛国心で国論を統一したいと願うプーチン氏は07年2月、ミュンヘンでこう述べている。

「アメリカはあらゆる分野で己の国境を踏み越えている。経済、政治、人文の分野で他国に対して自己流のやり方を押しつけようとしている」

ロシアの存在感

13年9月には「ニューヨーク・タイムズ」に寄稿した。

「アメリカは己を他の国々とは異なるユニークもしくは〝例外的な存在〟とみなし、『世界の警察官』としての役割をはたすとの大義名分を掲げ、かつじっさい他国の内政に干渉している」（木村汎《ひろし》『プーチン　内政的考察』藤原書店）

実はプーチン氏の寄稿と同じ時期（13年9月10日）に、オバマ大統領（当時）は内戦が激化したシリアについて、「軍事介入はしない」「アメリカは世界の警察ではない」と演説した。これは米大統領による近代稀な戦略的大失敗とされ、ロシアによるシリア介入を招いた。国際社会は異なるイデオロギーや価値観を持った国々があらゆる野望と力でせめぎ合う場だ、という現実から目を逸らし、平和を希求する話し合いで解決できると考えたオバマ氏の浅慮だった。プーチン氏は間髪をいれず、この機を利用して中東におけるロシアの存在感を飛躍的に高めた。

陰謀を巡らす指導者は陰謀を恐れる。プーチン氏はジョージア（旧グルジア）やウクライナの「カラー革命」、アフリカ北部や中東諸国の「アラブの春」は米国の経済的、軍事的支援があって初めて可能だった、ロシア国内での反プーチン運動も米国の陰謀ゆえだと信じていると見られる。

決して人を信じず、妻にも心を打ちあけないが、狙いを定めた人物の取り込みには巧みなプーチン氏を、プーチン研究の第一人者、木村汎氏は「人誑《ひとたら》し」と呼んだ。そのプーチン氏とトランプ氏の首脳会談で、米国が戦略的後退に陥り、その結果、ヨーロッパ情勢が歴史的大激変に追い込まれる可能性がある。そのとき、ＮＡＴＯ諸国はどうなるか、日本にとって他人事ではない。

7月11、12の両日、ベルギーで開かれたＮＡＴＯ首脳会議でトランプ氏が実行を迫ったことは、表面上の粗野とは別に、国際政治の常識に基づけば十分正当なものだ。１９４９年創設のＮＡＴＯは、旧ソ連の脅威から西側陣営を守るために結成された集団安全保障の枠組だ。これまでずっと米国が経費の70％を担ってきた。

トランプ氏は米国の負担が多すぎる、ＮＡＴＯの取り決めであるＧＤＰ比２％の国防費という約束を守れと言っているのだ。メルケル独首相は「我々がもっと努力しなければならないのは明らかだ」と述べ、ＮＡＴＯ諸国も、先にカナダで開かれた先進7か国首脳会議（Ｇ７）のような後味の悪い結末だけは避けようと必死だった。

日本はどうするのか

トランプ氏とG7で激しくやり合ったカナダ首相のトルドー氏は、NATO首脳会議初日に、イラク軍の軍事訓練強化のために、カナダ部隊250人を新たに派遣する、2018年後半には現地部隊を車輛整備、爆弾処理、治安活動で指導する、と語った。

「カナダは向こう10年間で軍事予算70％増を目指す。それでもGDP2％には届かないが……。冷戦真っ只中の時代同様、NATOはいまも非常に重要な軍事同盟だ」

NATO軍は、18年秋、500人の新部隊をイラクに派遣するとし、さらにアフガニスタンでも、駐留米軍約1万5000人に対し、1万3000人だった部隊を1万6000人に増やすと発表した。トランプ氏の「足りない、もっと増やせ」という要求に追い立てられるNATO諸国の姿が見える。

それでもトランプ氏は言い放った。「4％だ！」と。だが、氏の悪態にも非礼にもNATO諸国は反論できない。国防が当事国の責任であるのはトランプ氏の言うとおりだからだ。

NATO諸国で2％条項を守っているのは18年でようやく8か国になる見通しだ。米国を筆頭に英国、ギリシャ、エストニア、ラトビア、リトアニア、ポーランド、ルーマニアである。

エストニア以下バルト三国は旧ソ連の下で苛酷な歴史を生きた。ポーランドとルーマニアも東欧圏の一員として息が詰まるようなソ連の支配下にあった。小国の彼らは再びロシアの影響下には入りたくないのだ。

では、日本はどうするのか。ロシア、中国、北朝鮮、左翼政権の韓国。日本周辺は核を持った恐ろしい国々が多い。だが、わが国の国防費は、トランプ氏に激しく非難されているドイツよりもずっと低い1％未満だ。遠くない将来、「シンゾー、いい加減にしろよ」と、トランプ氏は言わないだろうか。

日本は安全保障も拉致問題の解決も、およそ全面的にアメリカ頼みだ。国防費はGDPの1％、憲法改正もできず、第二のNATO、第二のドイツにならないという保証はない。その時取り乱すより、いまから備えなくて、日本の道はない。

（2018年7月26日号）

本書は「週刊新潮」連載の「日本ルネッサンス」に加筆し、まとめたものです。

櫻井よしこ　Yoshiko Sakurai

ベトナム生まれ。ハワイ州立大学歴史学部卒業。「クリスチャン・サイエンス・モニター」紙東京支局員、日本テレビ・ニュースキャスター等を経て、フリー・ジャーナリストとして活躍。『エイズ犯罪　血友病患者の悲劇』(中公文庫) で大宅壮一ノンフィクション賞、『日本の危機』(新潮文庫) を軸とする言論活動で菊池寛賞を受賞。2007年に国家基本問題研究所 (国基研) を設立し理事長に就任。2010年、日本再生に向けた精力的な言論活動が高く評価され、正論大賞を受賞した。著書に『何があっても大丈夫』『日本の覚悟』『日本の試練』『日本の決断』『日本の敵』『日本の未来』『一刀両断』(新潮社)『論戦』シリーズ (ダイヤモンド社)『チベット　自由への闘い』(PHP新書)『朝日リスク』(共著・産経新聞出版) などがある。

著者の公式サイトは https://yoshiko-sakurai.jp/

国基研の公式サイトは https://jinf.jp/

問答無用《もんどうむよう》

著　者　櫻井《さくらい》よしこ

発　行　2019年1月20日

発行者　佐藤隆信

発行所　株式会社新潮社　郵便番号162-8711
東京都新宿区矢来町71
電話：編集部　03-3266-5611
読者係　03-3266-5111
https://www.shinchosha.co.jp

印刷所　大日本印刷株式会社

製本所　大口製本印刷株式会社

ISBN978-4-10-425315-9　C0095